eビジネス新書

No.452

週刊東洋経済

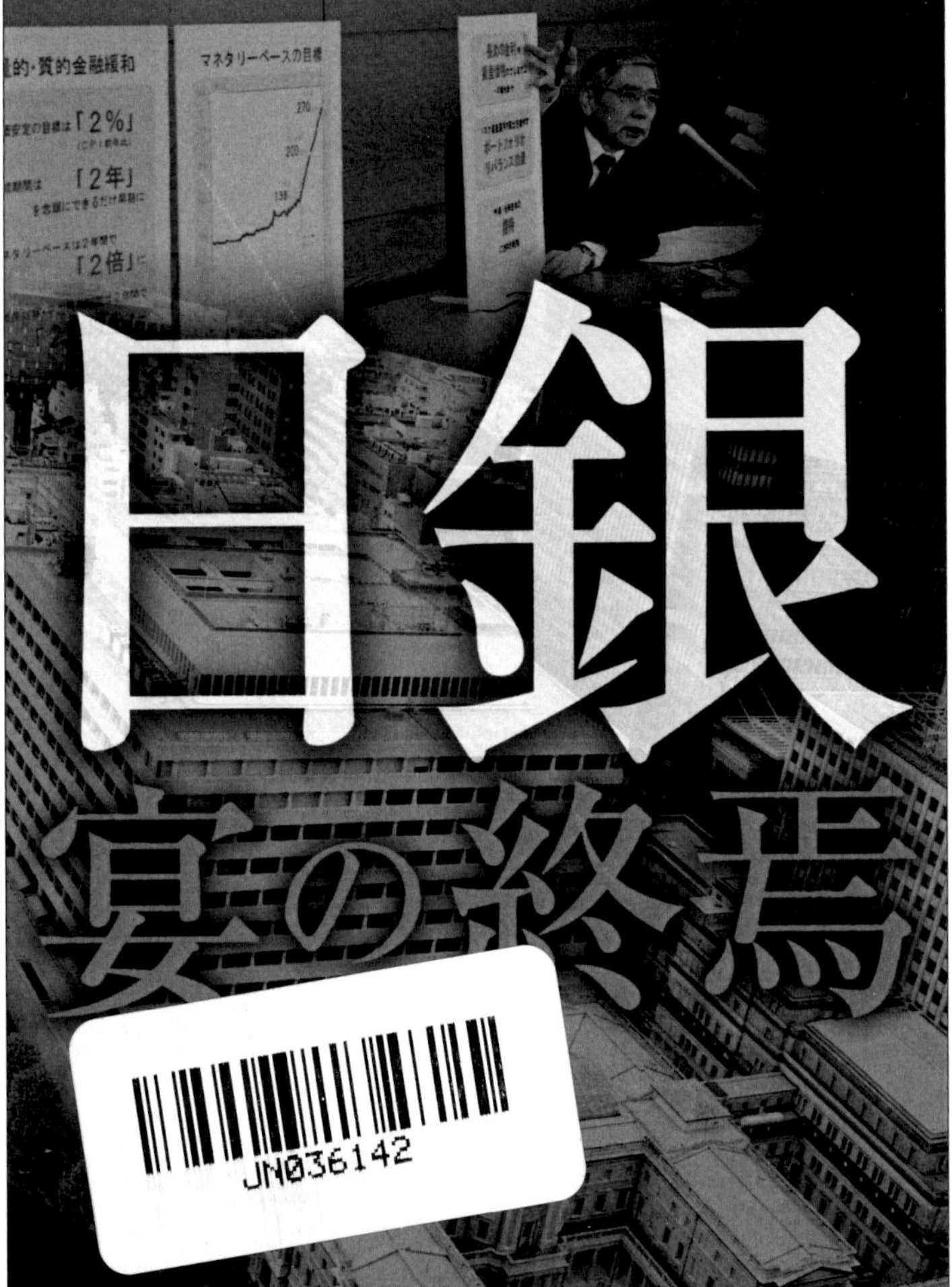

日銀 宴の終焉

週刊東洋経済eビジネス新書　No.452

日銀　宴の終焉

本書は、東洋経済新報社刊『週刊東洋経済』2023年1月21日号より抜粋、加筆修正のうえ制作しています。情報は底本編集当時のものです。（標準読了時間　120分）

日銀　宴の終焉　目次

どうなる新体制　超緩和から戸締まりの時代へ

日本銀行の黒田東彦総裁が、2023年4月に任期満了を迎える。在任期間は歴代最長となる2期10年、2％インフレ目標の実現に一点集中してきた10年だった。

2013年4月に就任した黒田総裁が始めた「異次元緩和」。その要諦は、日本経済低迷の原因はデフレだという認識の下、「日銀としてできる施策は何でもやる」ことだった。日銀は、国債を大規模に購入し、本来は市場原理で決まる長期金利を超低位にさせ、設備投資の刺激を図った。短期金利をマイナスにし、円高を反転させた。また日本株の購入量を大幅に増やした。株購入を正当化するために日銀は小難しい理屈をつけるが、「正直な話、事実上の市況対策」（日銀関係者）だった。

こうして経済の需要とインフレ期待を高めることで、デフレを脱し、インフレ率2％を定着させるのが初期のシナリオだった。

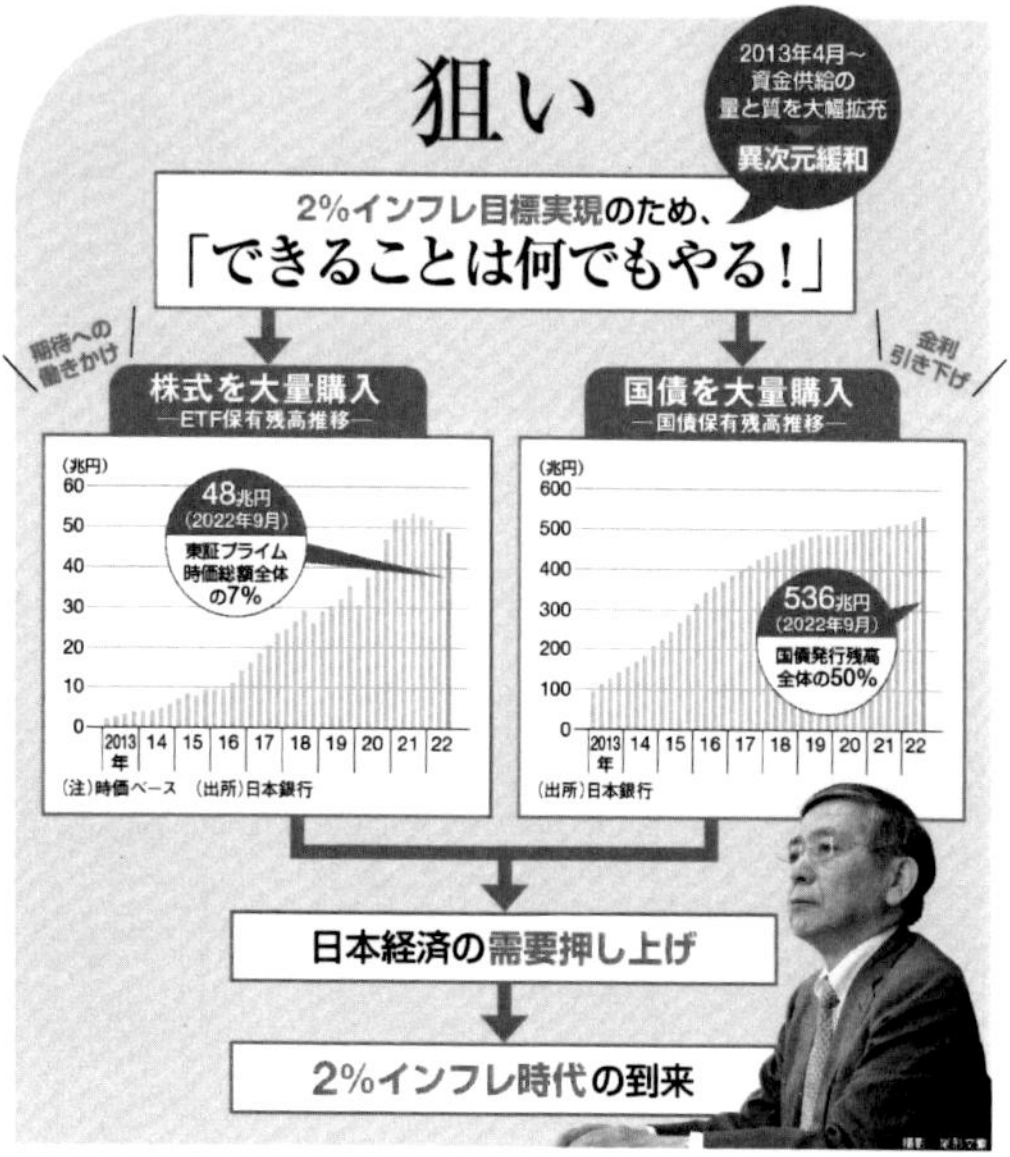

狙い
2013年4月～
資金供給の
量と質を大幅拡充
異次元緩和
2%インフレ目標実現のため、
「できることは何でもやる！」
期待への
働きかけ
金利
引き下げ
株式を大量購入
—ETF保有残高推移—
(兆円)
60
50
40
30
20
10
0
2013年 14 15 16 17 18 19 20 21 22
48兆円
(2022年9月)
東証プライム
時価総額全体
の7%
(注)時価ベース　(出所)日本銀行
国債を大量購入
—国債保有残高推移—
(兆円)
600
500
400
300
200
100
0
2013年 14 15 16 17 18 19 20 21 22
536兆円
(2022年9月)
国債発行残高
全体の50%
(出所)日本銀行
日本経済の需要押し上げ
2%インフレ時代の到来

反発を一身に引き受ける

　それは確かに金融市場の風向きを変えた。企業業績を圧迫していた超円高は円安に転じ、1万円を割り込んでいた日経平均株価は過去10年で2・5倍へと上昇した。が、実体経済への効果は微々たるものだった。金利を低位に固定しても、設備投資は伸び悩んだ。

　肝心要の2%目標も達成できないまま9年が過ぎた。10年目の2022年、消費者物価は急上昇を見せたが、それは賃金上昇ではなく外部要因（ロシア・ウクライナ戦争と米国の利上げに伴う円安）でのコスト高が牽引する、望まぬ形のインフレだった。

結果

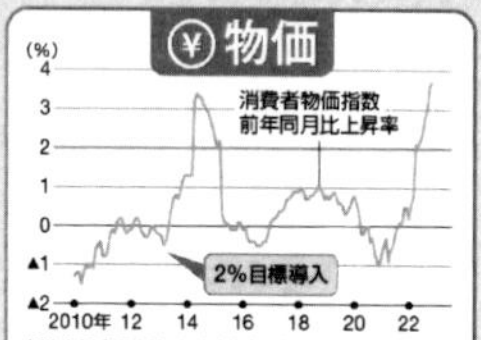

(注)生鮮食品を除く総合(季節調整済み)、2020年基準。消費増税の影響含む。▲はマイナス　(出所)総務省

○ デフレ傾向には歯止め
△ コストプッシュの意図せぬ形で2%超過

(注)日本国債10年物利回り。▲はマイナス　(出所)財務省

○ 長期金利は大きく低下
△ 企業の資金需要は弱く、投資は伸びず

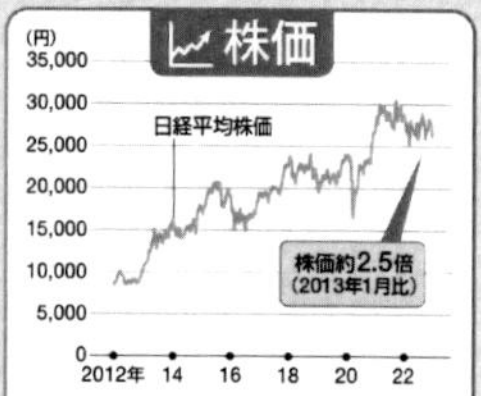

○ 株高
△ 株式市場を日銀が左右する歪み

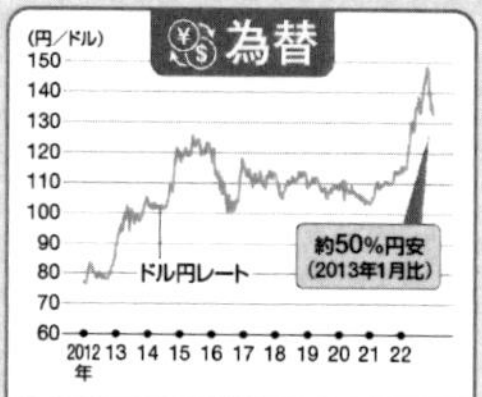

○ 円安
△ 輸入品の値上がりが家計や企業に打撃

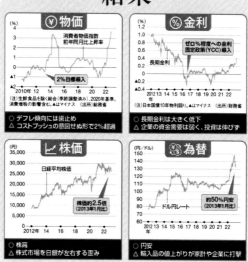

相次ぐ値上げに不満の声を上げる家計や企業。それを尻目に、あくまで金融緩和の必要性を説き続ける黒田総裁との溝は深まっていった。「大胆な金融緩和」を掲げ、黒田総裁を任命した安倍晋三元首相もこの世から去り、政治は黒田日銀の「インフレ誘導政策」と距離を置き始めている。金融政策の転換は避けられない。

金利の引き上げは、さまざまな痛みを伴うだろう。住宅ローンの金利は上がる。株式や債券などの資産価格は短期的にせよ下落する。弛緩した財政規律の巻き戻しを余儀なくされれば、政治家や産業界の一部は反発を起こす。「打ち出すときは歓迎されるが、手仕舞うときはたたかれる」のが異次元緩和のような非伝統的金融政策の宿命なのだと、ある日銀元幹部は言う。

総裁は、日銀という組織の一枚看板だ。改めた政策を説明するのも、政府と渡り合うのも、国際舞台に立つのも、世論の反発を一身に受けるのも、総裁である。黒田日銀の宴は終わり、金融緩和の戸締まりが始まる。日本経済は新総裁の下、新たな時代へ向かおうとしている。

（西澤佑介）

世界で孤立した日本の金融政策

米国をはじめ世界中の中央銀行が急速な利上げに動く中、日本銀行だけが超低金利政策に固執する——。

2022年末のサプライズ利上げで立ち位置の修正を開始したものの、黒田日銀は世界の中銀の中でも特異性が目立つ。なぜそうなったのか。

国際比較で日銀が特別なのは、「長短金利操作」(イールドカーブ・コントロール＝YCC)という異例の政策を採用していることだ。

FRB(米連邦準備制度理事会)やECB(欧州中央銀行)など世界の主要中銀も非伝統的な大規模量的緩和政策を進めてきたが、これは中銀が購入する国債などの金額に目標値を与えるもの。長期金利の低下に寄与するものの、目標はあくまで購入量であり、その時々の市場の情勢により長期金利自体は変化する。この点、金利水準をターゲットとして公開市場操作を行う短期金利の政策とは明確に異なっている。

しかし、日銀が2016年9月に採用したYCCでは、短期金利に加え、長期金利でも量ではなく金利水準を目標に据える。ゼロ%程度（現在はプラスマイナス0・5%）という目標値を設定し、そこに長期金利が収まるように日銀が国債購入量を増減させる仕組みだ。

2016〜17年ごろが分岐点

端的に言って、日銀が世界で孤立し、現在のように混迷を深めたのは、このYCCが導入された2016年以降のことである。

黒田日銀は、2013年4月に異次元緩和を開始した当初こそ狙いどおりに予想インフレ率を高めることができた。が、その後は原油価格下落や消費増税の影響などを受けて失速。2014年11月に追加緩和、16年1月にはマイナス金利政策導入（短期金利）と緩和策を拡大したが、それでも目標としていた2％物価上昇率を実現できないことは明らかになっていった。

そうした中、日銀は2016年9月に「総括的な検証」を発表する。そこでは、日銀がレジーム転換による期待に働きかけてインフレ率予想を引き上げる動きは弱く、長期デフレを経験した日本では「現状が続く」との適合的な予想形成の影響が強いと結論づけた。「期待」の効果を絶対視した黒田日銀が、目算が外れたことを認めた瞬間であった。

総括的な検証では同時に「金融環境改善の結果、物価の持続的な下落という意味でのデフレではなくなった」とも明言した。実際、翌17年度には名目GDP（国内総生産）成長率は2％、インフレ率は0・7％を記録。有効求人倍率に至っては2017年4月に1・48倍とバブル期の水準を超え、産業界では人手不足が叫ばれる完全雇用状態になった。

その一方で、2016年1月に導入したマイナス金利政策が効きすぎて長期金利まで全面的にマイナス圏へ沈み込み、機関投資家や金融機関の反発、経営不安は高まった。

つまり、当時の状況を総合すれば、「黒田日銀の当初の戦略こそ失敗したものの、経済自体は完全雇用で好調、一方で金利は異常なほど低い」というものだった。

であれば、本来なら黒田日銀は異例の大規模量的緩和を縮小し、金融政策の正常化に踏み出すタイミングだった。しかし、「もっと緩和すべきだ」というリフレ派の日銀審議委員や有識者の声に配慮したのか、黒田日銀が採用したのはYCCだった。

YCCでは、マイナス化していた長期金利を操作対象とし、ゼロ%程度という目標値を設定した。結果、国債購入量は減らすことができた。しかし、黒田日銀はあくまでターゲットを量から金利に変えただけと説明、金融緩和はむしろ粘り強く強化するとの姿勢（オーバーシュート型コミットメント）を打ち出した。

日銀は世界の中でも特異な立ち位置
—非伝統的金融政策の現状—

国・地域	日本	米国	ユーロ圏
中央銀行	日本銀行	FRB	ECB
ゼロ金利（マイナス金利含む）	継続	急速な利上げに転換	
量的緩和（大規模な国債購入）	継続	量的引き締めに転換	2023年3月に量的引き締め開始
時間軸効果政策（フォワードガイダンス）	超低金利や追加緩和を示唆	政策金利をより高く長くすることを示唆	さらなる継続的な利上げを示唆
リスク資産の購入（投資信託や社債など）	継続	売却、縮小に転換	23年3月から縮小方向
長期金利の操作	継続（上限は若干引き上げ）	未実施	

（注）2023年1月10日現在　（出所）各中央銀行の資料などを基に東洋経済作成

経済状況が金融政策の乖離を生んでいたが…
—インフレ率とコロナ禍前からのGDP回復率—

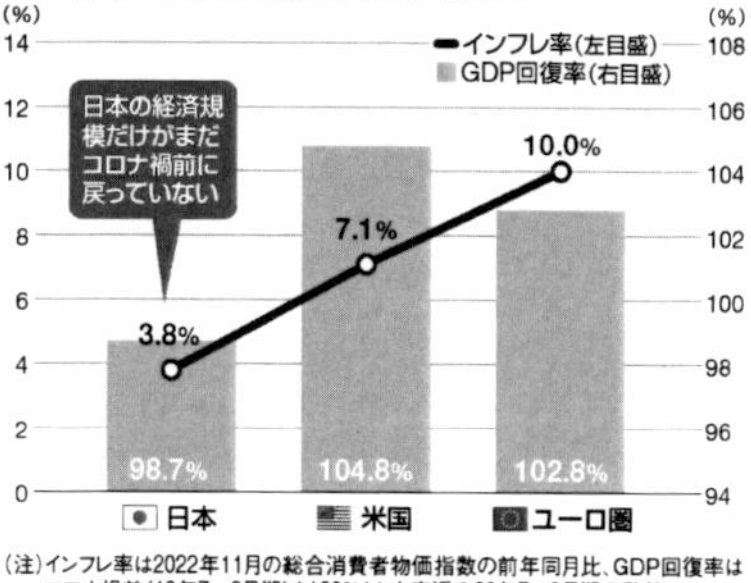

（注）インフレ率は2022年11月の総合消費者物価指数の前年同月比、GDP回復率はコロナ禍前（19年7～9月期）を100%とした直近の22年7～9月期の数値
（出所）CEICデータを基に東洋経済作成

タイミングを逸したツケ

空前の人手不足なのに、賃金は上がらず2％程度の物価上昇も起きない。この原因は分配面にあり金融緩和の不足ではないことは明らかだったが、黒田日銀は方向転換できなかった。なぜか。

当時は、欧米も大規模な量的緩和政策を進めており、日銀だけが政策正常化に動くと、日米金利差の関係から円高を招き、株価や国内景気に水を差してしまうというのがその理由だった。また2013年に政府と日銀が発表した共同声明において「できるだけ早期にインフレ率2％目標の実現を目指す」とうたったため、目標未達成の状況では緩和縮小に踏み込めなかったという事情もある。

YCCは現在懸念されているように、その「出口」において長期金利急騰を招きかねず、スムーズに市場の実勢金利へ着陸できるかは当初からの難題だった（それゆえ欧米当局はYCCを不採用）。仮に2017年ごろから日銀がYCCの正常化に歩み出していれば、当時の実勢金利は低かったため、海外投機筋からのカラ売り攻撃も少なかっただろう。

反対に、2022年以降のように米国が急速な利上げを進めると同時に、日本でも2%を超えるインフレ率が現出し長期金利上昇圧力が強まる中で、YCCを正常化させるのはあまりに間が悪い。だからこそ、2022年末のサプライズ利上げ以前の黒田東彦総裁は日本経済の弱さを指摘し、「日本のインフレは一時的」として海外の高インフレや利上げの鎮静化を待つ姿勢を貫いたのだろう。

しかし、日米金利差拡大から急速に進んだ円安は黒田日銀に冷や水を浴びせた。異次元緩和開始当初と違い、今や円安でも株高は起きず、世論や大型のインフレ対策予算を必要とする政治の側も「極端な円安は迷惑」とのスタンスに変化した。世界でも日銀だけが孤高の金融政策を続けられる環境は、終焉を迎えたのである。

緩和的な金融政策を続けながら、いかにスムーズにYCCを解除し、量的緩和の縮小にも踏み出せるかが、日銀の次のアジェンダとなりそうだ。

（野村明弘）

日銀を振り回した主流派経済学の蹉跌

日本銀行の異次元金融緩和は終わり、正常化に向けた道筋へ舵を切ろうとしている。それは、黒田日銀の政策に正当性を与えた経済学の敗北でもある。黒田日銀は、どのような経済学の知見の下、異次元緩和を展開し、何がうまくいかなかったのか、振り返ってみよう。

主流派経済学の一角を占めるニューケインジアン学派は、中央銀行が目標インフレ率を設定してコミットすれば、人々の期待に働きかけて市場の予想インフレ率を目標値に収斂させ、結果的に実際のインフレ率でも目標を達成できると主張する。つまり、中銀こそが物価や予想インフレ率のアンカーだという考え方だ。当初、黒田日銀がサプライズを重視し「人々の期待に働きかける」といったメッセージを強調したのもこれが理由だ。

ではなぜニューケインジアンは、中銀がインフレ目標にコミットすれば人々の予想インフレ率が変わると主張するのだろうか。背後にあるのは、18世紀後半の古典派経済学の時代から続く「貨幣数量説」という仮説だ。簡単に言えば、社会に流通する貨幣量が物価水準を決定するというものである。

「中央銀行万能論」の背景

主流派の古典・新古典派経済学においては、貨幣は実物経済での生産には何ら影響を与えないという「貨幣の中立性」という公理がある。流通貨幣が増えて需要が強まっても生産は増えないのだから、その分、物価だけが上昇するというわけだ。また貨幣数量説は、貨幣量の増加は「短期的」には人々の錯覚により生産を拡大させる（経済成長）効果もあると説く。両者がごちゃ混ぜになりつつ、いずれにせよ貨幣量の増加は物価を上昇に向かわせると結論される。

実際には貨幣の流通速度が予想不能な形で変化するため、貨幣量が直接物価とリンクしない場合は多い。しかし「中銀がお金を刷りまくればインフレになる」ことは皆が直感的にイメージしやすい。そのため、デフレ環境下でも中銀が2％などの物価上昇目標にコミットすると言えば、人々は予想インフレ率を目標値に収斂させるとニューケインジアンは説いてきた。

具体的に黒田日銀が行ったのは、お金を刷りまくって（厳密に言えば日銀当座預金の発行）、民間金融機関から大規模に国債を購入する量的緩和だった。しかし、そのお金がどんどん社会に流通し、需要を高めて物価上昇を起こしたわけではない。金融機関は国債売却で得たお金のほとんどを日銀当座預金に眠らせたままだった。国内設備投資など民間の資金需要が弱かったからだ。

米欧の成功事例に疑問符

一方、量的緩和は米欧ではうまくいったのではないかという指摘もある。しかし、それも子細に見れば違う。どういうことかの説明しよう。

次の表は中銀の主な役割・機能をまとめたものだ。金融政策以外にも中銀にはまだまだ重要な機能がたくさんあり、その効果が高い点は強調しておく必要がある。

中銀の

金融政策をめぐる論争は絶えない

中央銀行の5つの役割・機能

役割・機能		機能の評価	昨今の事例
決済サービス提供（銀行券、中銀当座預金）		◎	デジタル通貨への対応が課題
最後の貸し手（流動性供給）		◎	リーマン危機やコロナ禍でも大きな有効性を示す
金融政策（物価や経済の安定）	インフレ	○	利上げで鎮静化は可能、ただ景気悪化という副作用が伴う
	デフレ	△	日本に加え欧米でも明確に有効な方法を見いだせず
金融機関への規制・監督		△	「影の銀行」や暗号資産への対応が課題に
政府の銀行		◎	政府の決済を担う。ただし、財政ファイナンスは禁じ手

非常に重要なのは、中銀が民間銀行を中心とした決済サービスの階層の頂点に立ち、通貨価値の維持と金融システムの安定化を図りながら国民に円滑な決済サービスを提供することだ。

前表でいえば「決済サービス提供」「最後の貸し手」「政府の銀行」が該当する。この中でも金融危機時に大規模かつ臨機応変な流動性（資金）供給を行う「最後の貸し手」は、近年でもリーマン危機やコロナ禍初期の金融暴落時に際立った有効性を示した。

ＦＲＢ（米連邦準備制度理事会）は、リーマン危機のさなかの２００８年１１月から金融商品を大規模に購入する量的緩和を開始した。これは確かに米国経済のデフレスパイラルを止めた。

しかし、それは前表でいう最後の貸し手の機能だ。金融市場がパニックを起こして資産の投げ売りが止まらない中、ＦＲＢが買いに回って大規模な流動性供給を実施し資産価格と実体経済のデフレスパイラルを止めたのである。ＥＣＢ（欧州中央銀行）

も10年代前半の債務危機の際に量的緩和を開始して南欧の国債価格暴落を鎮静化したが、これも最後の貸し手としての機能にほかならない。

米欧のこの取り組みを、慢性的な低インフレに対抗するために行った日銀の異次元緩和と同一視するのは間違いだ。実際、2010年代後半には米欧でも日本と同様の低成長・低インフレの傾向が強まり、量的緩和が続けられたが、成果は乏しかった。このような状況は「日本化」と呼ばれた。

もちろん、金融政策は有効な側面もたくさんある。高インフレに対しては、現在の米欧当局のように急速な利上げなど金融引き締めにより総需要を減退させ、それを鎮静化することができる。

一方、日本が抱える人口減少・高齢化、産業の国際競争力低下といった構造的問題に起因する低成長・低インフレに対しては決定打を欠く。せいぜい緩和的な金融環境で信用創造を促すことくらいだ。むしろやりすぎれば、超低金利政策の副作用から金融システムや円の信認が揺らぎ、肝心要の決済サービスや最後の貸し手などの機能にまで悪影響を及ぼしかねない。
こうした論点は実際には異次元緩和以前から指摘されていたものだ。期待への働きかけや貨幣数量説も100％誤りというわけではなく、要は妥当する場面としない場面といった形で蓋然性を基とした政策議論をすべきだった。しかし一部の有識者や黒田日銀は「自分たちの理論こそが正しい」と突っ走った。経済学が悪いのではなく、政策論議の仕方にも問題があったといえるだろう。

（野村明弘）

日銀は何処へ　…

日銀秘録　防戦の25年史

ジャーナリスト・西野智彦

開始から間もなく10年になる異次元緩和には、さらに17年に及ぶ「前史」がある。バブル崩壊後の潜在成長力低下と長引くデフレ圧力の下、日銀は懸命に知恵を絞り、時には政治圧力に抗しながらも、「防衛ライン」をじりじりと下げ、後ずさりを続けた。それは第2次世界大戦末期に退却戦を強いられた日本軍を見るようでもある。四半世紀に及ぶ日銀のデフレとの闘いを回顧する。

きっかけは雨宮ペーパー

振り返れば、日銀が「ゼロ金利後の世界」を気にし始めたのは、今から28年前、1995年の春ごろだったと記憶する。メキシコ通貨危機を発端に円相場が急騰し、3月に1ドル＝90円割れの「スーパー円高」が到来したのだ。

当時の中心的な政策手段の公定歩合は、史上最低の年1・75％。これ以上の引き下げは避けたいと考えた日銀中枢は、FRB（米連邦準備制度理事会）の手法に倣い、公定歩合ではなく、短期金融市場の操作対象である無担保コールレートの水準変更を公表するスタイルに切り替えようと画策する。

公定歩合を温存しつつ、一方でアナウンスメント効果を確保しようというのが狙いで、「コールレートの低め誘導とその対外公表により1、2カ月ほど様子を見る」という基本戦略が固まった。

だが、3月末に発表した低め誘導は、逆に公定歩合引き下げに消極的だと受け止められ、株価の急落と一層の円高を招く結果となる。結局、大蔵省（当時）の強い説得により、4月14日、公定歩合を0・75%分引き下げざるをえなくなった。その半年後、公定歩合はさらに0・5%分下がり、「ゼロ金利」がはっきりと視界に入ってきた。

日銀中枢で「ゼロ金利後」が議論され始めたのは、まさにそんな退却戦のさなかだった。当時、企画課調査役だった雨宮正佳（現副総裁）は、後に採用される日銀当座預金のコントロールに関するペーパーを書き、上司に提出した。企画局長はこの「量的緩和案」に興味を持ち、役員集会に報告したという。

雨宮はまた、当時タブー視されていた長期国債の買い増しについても「買ってみなければ効果があるかないかわからないじゃないですか」と、何度も議論を挑んだ。

ただ当時の日銀中枢は「ゼロ金利後」に備えるというより、ゼロ金利を回避するほうに重心を置いていた。公定歩合を0・5%に引き下げた1995年秋の時点で、執行部は「これで緩和は打ち止め」と決め込み、その後の金融危機の際にも「下限」を守り続けた。そこからの利下げはゼロ金利につながり、金融政策の有効性を喪失しかねない、と警戒していたのだ。

通常、金利はゼロ以下には低下しない。もしマイナスになると、家計や企業は預金を現金に換えようと動き、金融システムは崩壊しかねない。また、ゼロ金利の下で物価が下落すると、名目金利から予想インフレ率を差し引いた実質金利が上昇し、金融政策による景気刺激効果は完全に失われる。このため、日銀はできるだけゼロ金利に接近しないよう必死で粘ったが、思わぬ落とし穴が待っていた。


1998年の暮れ、「資金運用部ショック」と呼ばれる長期金利の急上昇が起きたのである。米格付け会社による日本国債の格下げと小渕恵三政権下での国債増発に加え、大蔵省理財局が資金運用部での国債買い入れを年明けから中止する方針を決めたことが原因だった。

それまで0・8％程度で推移していた10年物国債の利回りは一気に2％を超え、日米の金利差縮小を通じて円高・ドル安が加速し、株価は急落した。慌てた政府・与党は批判の矛先を日銀に向け、国債を直接引き受けるか、または買い切りオペを増額して国債の需給を改善すべきだと要求した。

とくに、官房長官で実力者の野中広務は「日銀はいたずらに自らの職掌や法規にしがみつくべきではない」と舌鋒鋭く日銀を追い込んだ。しかし、総裁の速水優も国債の買い増しは「財政ファイナンス」になりかねないと反論し、断固反対の姿勢を崩さない。困り果てた日銀事務方が政治圧力をかわす窮余の策として考えたのが、ゼロ金利だった。

１９９９年2月１2日の金融政策決定会合では8時間に及ぶ激論の末、コールレートの誘導目標を０・１５％に下げ、さらに「徐々に一層の低下を促す」方針が決まった。先進国では例のない「実質ゼロ」が実現したのは、その約3週間後のことである。ある幹部は「入ってはならない『秘密の花園』に迷い込んだかもしれない」と嘆息した。

緊急避難的に導入されたゼロ金利の早期解除に、速水が執念を燃やしたのは言うまでもない。

2000年に入り景気回復を確信した速水は、蔵相の宮澤喜一に直談判の手紙まで送りつけた。だが、宮澤は「平地に乱を起こす必要はない」として、早期解除に難色を示し続ける。

新日銀法により日銀の独立性は高まったが、政府には議決延期請求権が与えられ、日銀に「無言の圧力」をかけられる仕組みも用意されていた。速水の決意が固いことを察した宮澤は、省内に議決延期請求の検討を命じる。省内には慎重論もあったが、日銀批判の急先鋒だった当時財務官の黒田東彦は、「ゼロ金利解除は間違っている。迷わず議決延期請求すべきだ」と主張したという。

判断ミスと量的緩和

8月11日の決定会合で、速水はゼロ金利解除を提案し、政府側が議決延期を請求したが、反対多数で否決された。政府の反対を押し切ってゼロ金利を解除した速水はそのあと総裁室に幹部を集め、シャンパンで「祝杯」を挙げた。

だが、老いの一徹ともいえる速水の決断は、その後完全な裏目に出た。

米国でＩＴバブルが破裂し、日本でも景気に黄信号が灯ったのだ。速水批判は一気に高まり、２００１年２月、日銀は公定歩合の引き下げに踏み切らざるをえなくなる。政財界ではゼロ金利復帰要求が噴き出し、米国の経済学者らは量的緩和を声高に提唱した。

メンツにこだわる速水はゼロ金利復帰には抵抗し続けた。このため事務方は操作目標を当座預金に変更する「量的緩和」カードを切らざるをえなくなる。

伝統的な金利操作から量的緩和への転換は、政府が初の「デフレ宣言」を出してから３日後の３月１９日に決まった。金融危機の余波が続いていたため、当座預金拡大もそれなりの効果はあったが、結果的には前年夏の判断ミスに付け込まれる痛恨の一手となった。

福井マジックと白川の不運

独立性に固執して政府と対立した速水を外からじっと観察していたのが、後任総裁の福井俊彦である。副総裁を務めたあと民間で人脈を広げた福井は、独立性よりも「政府との協調」に重点を置き、量の拡張へと舵を切る。政治サイドの意向を先読みしながら先手先手で追加緩和を実施し、当座預金残高は就任1年で2倍近い「30兆～35兆円」に膨らんだ。

また、就任直後に始まった大規模な円売り・ドル買い介入とも足並みをそろえ、為替政策との協調も演出してみせた。株価も回復し、日銀への信認は一気に高まった。福井自身、量的緩和自体には懐疑的だったが、デフレ克服に懸ける新生日銀をアピールするため、あえて本心を押し隠したのである。

その証拠に、福井は量を増やしながらも国債の買い増しは行わず、手形オペの期間も徐々に短くするよう指示していた。ひっそり「出口への布石」を打っていたのだ。

量的緩和解除のチャンスが来たのは2006年春である。

消費者物価の対前年比伸び率が安定的にプラスになったと判断した福井は3月9日、官房長官の安倍晋三らの慎重論を抑えて量的緩和に幕を引いた。さらにその後3カ月間で当座預金残高を元に戻し、コールレートの引き上げに踏み切る。量の正常化という初の実務を担ったのは、金融市場局長の中曽宏（後の副総裁）だった。

福井は世界的な景気拡大と円安基調に恵まれた。だが、量的緩和の解除に対する安倍らの不満は、その後の日銀批判へとつながっていった。

その福井の後継選びは与野党ねじれ国会の下で混迷を極め、前代未聞の「総裁空白期」を経て2008年4月、白川方明が新総裁に着任する。

白川にとって不幸だったのは、就任1年目にリーマンショック、3年目に欧州債務危機と東日本大震災が連続して起きたことだった。いずれも「有事の円買い」で猛烈な円高・ドル安を招き、世界経済後退と相まって強いデフレ圧力をもたらした。加えて、民主党政権が2度目のデフレ宣言に踏み切ったことも白川を追い込んだ。

「円高無策」との批判が渦巻く中、2010年10月5日の決定会合で、①実質ゼロ金利を導入し、1％程度の物価上昇が見通せるまで継続する、②国債や社債、CP、ETFなどの金融資産を買い入れる総額35兆円の基金を創設する、などの「包括緩和」が決まる。

黒田時代に導入される「量的・質的金融緩和」のいわばプロトタイプ（原型）となるものだが、このあとFRBが量的緩和を拡大したことから、円高圧力が弱まらなかった。日銀内部でも「慎重にすぎる白川緩和」への疑問が徐々に膨らんでいった。

2011年秋、ついに為替は1ドル＝75円32銭の戦後最高値をつけた。強い先行き不安と日銀不信が政財界でピークに達した頃、「デフレ克服こそ経済再生の道」と主張するリフレ論者が集結し、インフレ目標の導入を含む日銀法改正を声高に訴えるようになる。その中心として担ぎ出されたのが復権を目指す安倍だった。

一度は首相を退いた安倍だったが、「2〜3％の物価上昇」と「大胆な金融緩和」を掲げて2012年秋に自民党総裁に返り咲き、暮れの総選挙で圧勝する。安倍は日銀法改正をちらつかせ、インフレ目標の受け入れと大胆な金融緩和を白川に迫った。

事態を重くみた財務省は、双方の緊張緩和に向けて「新たな文書」を作ろうと画策する。2%目標の早期実現を求める安倍と、これに難色を示す白川の主張を「足して2で割る」作戦だったが、でき上がった政府・日銀「共同声明」に安倍は満足しなかった。任期満了を控えた白川の後継に「2年程度で2%は達成できる」と豪語した黒田を、副総裁には「金融政策だけでデフレは解消できる」と主張するリフレ派の大学教授、岩田規久男を選任した。白川は5年の任期を約1カ月残し、退任した。

異次元緩和とその限界

事実上の「進駐軍」として日銀に乗り込んだ黒田は、「出し惜しみするなというシンプルな指示」を発した。実は事務方の間にも、白川体制の下で思い切った緩和ができないことへのフラストレーションが鬱積していた。

政策担当者は経済モデルを活用して必要な量を推計し、わずか10日ほどで「長期国債を年50兆円ずつ買い増しし、マネタリーベースを2年で2倍に増やす」という驚きのプランをまとめ上げる。「小出し緩和」という批判を完全に封じ込めようという、まさに退路を断った大規模緩和だった。

この立案の中心にいたのが、黒田の下で政策担当理事となった雨宮である。黒田が2013年4月の記者会見で掲げた「2%、2年、2倍」というパネルを用意したのも雨宮だった。調査役時代に量的緩和を上層部に具申してから実に17年の歳月が経っていた。

だが、彼らの威信を懸けた異次元緩和は緒戦こそ順調に推移したが、2年目に変調を来した。秋の追加緩和措置にもかかわらず、2%は逃げ水のように遠のいていく。

2016年1月、これ以上の量の拡張は困難とみた黒田は、忽然（こつぜん）とマイナス金利を採用し、これが不評を買ったとみるや、同年9月には長短金利を操作する奇策に転じる。リフレ派もこのあたりから「金融だけでなく、財政も重要」と主張を変え始めた。

結局、2%のインフレを日本にもたらしたのは、10年に及ぶ異次元緩和ではなく、皮肉にもロシアのウクライナ侵攻に伴う原油高と米国の金融引き締めに伴う円安だった。それでも黒田は、「賃金上昇を伴う形で持続的に目標が達成されている状況にはない」として、微修正を繰り返しつつも緩和継続の構えを崩さない。

実は異次元緩和が始まった直後、財務省の幹部が副総裁の中曽にこんな話をしたことがある。

「真珠湾としてならわかる。これがミッドウェーまで行かなきゃいいですね」

短期決戦に勝てなければ、長期の消耗戦と退却戦を強いられるだろうとの見立ては、皮肉にもその後の展開を見事に言い当てている。闘いの出口は、いまだ見えてこない。

＝敬称略＝

西野智彦（にしの・ともひこ）
1958年長崎県生まれ。時事通信社を経てTBS入社。日本銀行、首相官邸、大蔵省などを担当。『ドキュメント 日銀漂流』で石橋湛山賞。近著に『ドキュメント 通貨失政』。

成果がなかったことが成果だった?

【特別鼎談】元日銀理事・エコノミスト3人が斬る

東京財団政策研究所・早川英男
みずほリサーチ&テクノロジーズ・門間一夫
ちばぎん総合研究所 社長・前田栄治

10年におよぶ異次元緩和の末、混迷を深める日銀を、有力OBはどうみたか。元日銀理事で現在はエコノミストとして活躍する3人が、黒田体制の「功罪」に斬り込んだ。

——異次元緩和に突き進んだ、この10年間の成果と副作用をどう評価していますか。

【早川】成果の点では、景気に対し悲観的だった国民の心理が改善したことが大きかった。2013年以前は、震災影響が残り、市場は円高、株安という状況だった。それが異次元緩和以降、円安、株高へと向かって何となく国民に歓迎ムードが生まれた。ただ、マーケットや心理面での効果があった一方、リアルの経済指標では大した成果はなかった。アベノミクスが完全雇用を実現したといわれるが、当時は団塊世代がちょうど65歳を迎える時期。労働投入ベースではそれほど雇用は増えていない。

【門間】異次元緩和がタイミングに恵まれたのは確かだ。欧州債務危機が落ち着いた12年後半から世界経済は回復しており、政権と日銀総裁の交代でその波に乗った。ただ、変わったのは空気だけで実体経済はあまり変わらなかった。アベノミクス景気は戦後最低の成長率だった。物価目標2%も達成できなかった。

【前田】日銀が2%を目指し緩和すれば経済はすべてよくなるみたいな見方が以前あったが、結局はしっかり成長力を地道に高めていく努力は必要という認識が浸透したのはよかった。ただ、今はそこから成長戦略よりも財政のほうに傾いているので、いい方向に向かっているかどうかはわからないが。

【早川】副作用として、いちばんの問題は財政規律が弛緩したこと。とりわけコロナ禍によって、政治家の間でも、日銀が金融緩和をしているのだからいくらでも国が支出できるという雰囲気が生まれた。

“空気”に押されて賭けに

【門間】日銀が財政規律を緩めたのかどうかは、率直に言ってわからない。最終的な責任はやはり政府サイドにあるので、財政規律の弛緩を副作用と考えるべきかどうかは、少し議論が複雑だ。

一方で国債市場の機能低下や金融セクターの収益悪化という点は、問題だった。為替相場の変動率を高めたのもまずかった。ただ、これらは日本経済をダメにするというほどではないので、効果もあまりないし、弊害も対応できる範囲だったという意味で、微害微益の政策だった。

【前田】財政に対する日銀の責任論は難しい問題だが、企業行動への責任と同じような議論も可能だ。低金利であっても何でも、企業のことは企業が決める、だから企業の責任だ、とはならない。企業は低金利環境を前提にさまざまな支出を行い、仮に無駄な支出が増えるとやはり日銀の政策はよろしくない、となる。意思決定を歪ませるという意味で、財政に対する副作用があったともいえる。

【早川】私は異次元緩和をいつも実験と呼んでいるけれど、この実験はやらなきゃいけない〝空気〟だったというのは、われわれに共通する見解だね。

【門間】それはそう。コロナ禍で、米国の景気後退が近づいてきているのに、日銀にもっと緩和せよという声が一言もない。この変化は過去10年の最大の〝成果〟。

【前田】一種の賭けだったが、可能性がゼロではなかった。

【早川】今思えば10年前は素朴だったんだ。合理的期待では、インフレ率が中央銀行の目標と一致しなければ均衡ではないという、ほとんど意味のない解答みたいな理屈が平然と信じられた。われわれがどんなに説明しても納得してもらえない。十中八九ダメだろうと思っていたが、ならばやってみるしかなかった。

【門間】金融政策は中央銀行だけで作られるものではなく、アカデミズムも含めた世の中の知見が作っていく部分がある。アベノミクスの金融政策で特徴的だったのはこの点だと私は思う。

【早川】昔、ある国際会議の場で量的緩和に効果があるか否かを議論したとき、アングロサクソンの人からは「チャンスが少しでもあるのならばやるべきだ。やらないのは無責任だ」と言われ、欧州の大陸系の人からは「ちゃんと効果を説明できる？　説明できない政策をやるのは無責任だ」と言われた。

【前田】その意味で言うと伝統的な日銀の考え方は後者で、黒田東彦総裁は前者ということですね。

【早川】そういうこと。

【前田】量的緩和が効くかの問題って、理屈で考えると難しいが、為替市場にはなぜか効く。

【門間】これも空気だから。ある意味で演出の成果。

【早川】金融市場って行動経済学的なアノマリーの宝庫なんだ。みんなが完全に合理的だと仮定してしまうと説明できないような事象は、実は金融市場にいちばん多い。

――金融緩和の出口戦略にも注目が集まっています。

【門間】 私はマイナス金利も含めたイールドカーブ・コントロール（YCC）の撤廃が最大の課題だと考えている。今行っている金融緩和策の中で最も出口が難しいのがYCC。修正局面が近づくと長期金利を抑えるのに無理が出る。

国債にカラ売りを仕掛けるヘッジファンドが注目されているが、日銀との戦いが先鋭化されていない段階で枠組みを変えるべき。そしてゼロ金利政策のような通常の金融緩和に戻していく。早ければ早いほうがいい、新体制発足前でも、2023年1月の決定会合でも。

2022年12月に行ったYCCの修正は国債市場の機能低下への対応だが、枠組み自体が維持されているので不完全だ。経済物価情勢の観点からは緩和の修正は不要であり、「今後必要があれば追加緩和も躊躇なく」というスタンスもそれでよい。しかし、市場機能がこれで回復するかはわからない。

【前田】 12月のYCCの政策修正について、私は中身に違和感はなかった。しかし、ある程度のサプライズはやむをえないとしても、コミュニケーションには工夫の余地があった。

２０２２年9月に黒田総裁はＹＣＣの許容変動幅を拡大すれば「金融緩和の効果を阻害する」と発言したばかりで、今回の説明と明確に食い違う。ＹＣＣの変動幅拡大は市場機能改善につながるので、プラスとマイナスの両面がある、と当初から丁寧に説明しておけばよかった。市場や国民からの信頼を損ねると、長い目でみて政策効果を低下させることになりかねない。

【早川】率直に言ってあの発信はひどかった。今回だけではない。２２年9月に、黒田総裁は金利引き上げがないのは「数カ月の話ではなく2〜3年の話」とまで言っている。この発言を聞いて、彼はかなり意固地になっていると感じた。

【門間】そういうコミュニケーションをしなければならない点も含めてＹＣＣの弊害だと思う。長期金利コントロールの難しさは、目標金利水準を引き上げるという意図が市場に知られた時点で、長期金利に猛烈な上昇圧力がかかること。そのため目標水準を修正する場合は、直前まで修正の意図を隠し通すしかない。「金利の引き上げはありませんよ」と強がりを言わなければ維持できない枠組みであり、その問題は今もそうだ。

スジ論は政策検証から

【前田】新総裁は、まずは異次元緩和の10年、さらにはそれ以前の政策も含めた20年スパンの総括検証をすべきだと思う。よかった点、悪かった点、2％目標の評価も含めて検証してもらいたい。そのうえでYCCやマイナス金利をやめるが、低金利政策はしばらく続けるというのがきれいな形だ。

【早川】スジ論として考えると、新総裁はまず2013年1月に公表した政府・日銀の共同声明を見直すところから始めるべきではないか。

共同声明は「できるだけ早期に物価上昇率2％達成」の記述ばかり注目されるが、「日本経済の競争力と成長力の強化に向けた取り組みを具体化」「持続可能な財政構造を確立するための取り組みを着実に推進」といったことが書かれている。2％目標の達成だけではなく競争力や成長力、財政運営のあり方とセットで、政府が目指すべき姿を再考すべきだ。

とくに金利が正常化に向かう過程では財政構造の安定が不可欠。そこまでを見据えた共同声明の見直しをまずは行ってほしい。

【門間】早川さんの指摘は、最も難しい順番でもある。その検証作業が終わらないとYCC修正ができないとなれば、現実的な世の中のスピードについていけない。

やはりまず問題が明白なYCCは撤廃する。2％物価目標の意義や政府と日銀との役割分担をめぐる根本的な議論は、識者や学界とのコミュニケーションも交えて、じっくり合意を形成していくべき大きな問題だ。

共同声明は私が金融政策担当理事として作成に関わったが、早川さんが今指摘されたとおり、成長戦略が2％達成の前提とも読めるように書いてある。しかし深く読まないと、2％はあくまで日銀の責任とも読める程度に書いてある。

あえて玉虫色になっているのは、10年前は政府と日銀の間で決着しなかったから。もう一度議論するのは意義のある作業だが、それは時間をかけて国民の理解も得ていく大プロジェクトになる。

【前田】2013年の共同声明は見直しがスジだ。「大胆な金融政策に向けて」となっているし、「物価2％を早期に達成」という記載は、2％の到達時期を中長期でみるとか、2％の捉え方を柔軟にするという考え方を示すほうが妥当だろう。

ただ、今の共同声明自体は柔軟な解釈ができるようになっているのも確かで、私が現役のときはあえて直す必要はないと考えていた。また政権や総裁が代わるたびに共同声明を見直すというのは、日銀の行動を縛りすぎる面もあるので、政府と日銀の関係の観点からみてどうなのか、という問題がある。

日銀も財政論議に参加を

――この10年で損なわれた政府からの独立性・中立性をどう再構築するかも課題です。

【早川】 これは難しい問題だ。少なくとも民主主義国である限り、中央銀行は勝手にやってよろしいとはならない。政策委員の人事権を政府が握るのはおかしいといえるのか。そういう権利を濫用してくれるなとわれわれは言いたいのだけど、仕組みとして国会承認までついているわけだから、その濫用っていったい何なのかとなる。

一方で過去10年を振り返ると、やはり随分と恣意的だったようには思う。学界からも金融界や経済界からも、いわゆるリフレ派が信頼を得ているとは言いがたいのに、そういう人たちが政策委員に人選されてきた。

【門間】 政府ひいては国民が日銀のガバナンスに関わるのは、民主主義国家において適切な設計だ。だから金融政策の役割に関する国民の適切な理解なしに、政府と日銀の適切な関係などつくれない。

逆に日銀から経済政策全般への働きかけがもっとあってもよい。とくに財政規律の問題では、持続的な成長という観点からの財政の効果やリスクについて、日銀が積極的に政府とコミュニケーションを取るのも一案だ。公開の場でもいい。政府と日銀が「一体化」しすぎるのも問題で、適度な緊張感を保つ関係であるべきだ。

【早川】それは私も賛成。かつて存在感があった経済財政諮問会議の復権を目指すべきだ。今は官邸主導の名目でいろいろなことが裏で決まっている。電力やガソリン代の補助金も議論の過程が見えなくなった。前田君の言う総括検証にもつながる話で、総裁交代を機に公開で議論する場をつくるのがいい。

（聞き手・西澤佑介、二階堂遼馬）

早川英男（はやかわ・ひでお）

１９５４年生まれ。７７年東京大学経済学部卒業、日本銀行入行。８３年米プリンストン大学大学院に留学（経済学専攻、ＭＡ取得）。日銀では調査統計局長（２００１〜０７年）、名古屋支店長、理事（０９〜１３年）などを歴任。富士通総研経済研究所を経て東京財団政策研究所 主席研究員。

門間一夫（もんま・かずお）

１９５７年生まれ。８１年東京大学経済学部卒業、日本銀行入行。８８年米ウォートンスクール経営学修士。日銀では調査統計局長（２００７〜１１年）、企画局長を経て、１２年から金融政策担当理事。１３年３月から国際担当理事。１６年からみずほリサーチ＆テクノロジーズエグゼクティブエコノミスト。近著に『日本経済の見えない真実』。

前田栄治（まえだ・えいじ）

１９６１年生まれ。８５年東京大学経済学部卒業、日本銀行入行。８９年米ノースウェスタン大学経済学部大学院留学。日銀では調査統計局長（２０１１〜１５年）、金融市場局長を歴任。１６年から理事（国際担当、１８年からは金融政策担当）。２０年から現職。

【Q&A】 日銀新総裁で経済はどうなる?

〔回答をいただく専門家4人〕

東短リサーチ社長・加藤 出
野村総合研究所・木内登英
第一生命経済研究所・熊野英生
みずほ証券・小林俊介

【Q1】 新総裁の当面の政策運営はどうなる?

【木内】 総裁が誰になっても、基本的に金融政策は正常化に向かう。過去にも総裁が交代するタイミングで金融政策が変わってきた。

ただ、2023年中に大きな政策修正があるとは限らない。世界景気が後退する中、日銀が金利引き上げを進めると円高加速のリスクがある。リーマン危機時の苦い経験もあり日銀内では円安よりも円高に対する警戒心のほうが強い。

総裁が代わるだけでも、政策修正予想から円高が進むおそれがある。そのため日銀は情報発信として「すぐに政策転換はしない」と強調する可能性がある。外部環境の様子を見つつ慎重に正常化を進めていくはずだ。ただし、2％の物価上昇を中長期の目標に位置づける、などの方針の修正は23年中にも実施する可能性がある。


【熊野】過去10年の延長線上での政策運営は考えにくい。まずは「点検・検証」で過去の反省を行わないと次には進めない。

23年の春闘の結果がどうであれ政策転換は進む。賃上げ率が2％を上回って春闘が首尾よく進めば、目標を達成したとして出口への政策転換となる。反対に小幅な賃上げ率にとどまっても、円安によるコスト増への対策が必要だとして金利引き上げが行われるだろう。

【加藤】大きな変数は2つある。1つはインフレに対する国民の怒りだ。食料の値上がりも続いている中、国民の怒りが政府を動かす力になれば、政府から日銀に政策修正の圧力がかかる。

もう1つは海外経済。現実的なシナリオは米国のインフレ率がピークアウトしてもＦＲＢ（米連邦準備制度理事会）の警戒感が続き、利下げが24年以降になること。この場合、日米金利差は開いたままなので為替も過度な円高になりにくい。その場合、日銀が23年内に政策変更を進める確率がより高まる。

世界景気見つつ慎重発進

【小林】金融政策は正常化を進めていくとの見方と緩和維持との見方があるが、二律背反ではない。

23年には世界経済の大幅な減速が予想されている。本当に後退局面になれば、通常は実質的に引き締めとなる政策変更はせず、年内の政策修正の機会を失う。しかし過去、日銀には修正機会喪失を恐れて、景気後退局面で緩和を解除してしまった経験がある。

日銀には金融引き締めで経済を抑える強い意図はない。副作用の割に効き目が少ない政策を取り除く段階に入っていくとみるべきだ。

【Q2】 超低金利政策はどう変わっていく?

【加藤】今、日銀は2つの金利を超低水準で固定している。1つは金融機関の間でお金を貸し借りする際の短期金利。現在、その金利はマイナス0・1%。いわゆるマイナス金利政策だ。

2つ目は10年物国債金利（長期金利）。YCC（イールドカーブ・コントロール）と称する政策で、本来は市場で決まる10年物国債金利を日銀は低く固定している。その上限は0・25%だったが、22年12月に0・5%へ修正した。

マイナス金利も、長期金利の固定も、主要先進国で採用している国は現在ほかにない。反対に主要国ではインフレ対策として金利を引き上げている中、日本も低金利政策の修正は避けられない。

日本だけ超低金利で固定

―主要国の10年物国債金利（22年初からの推移）―

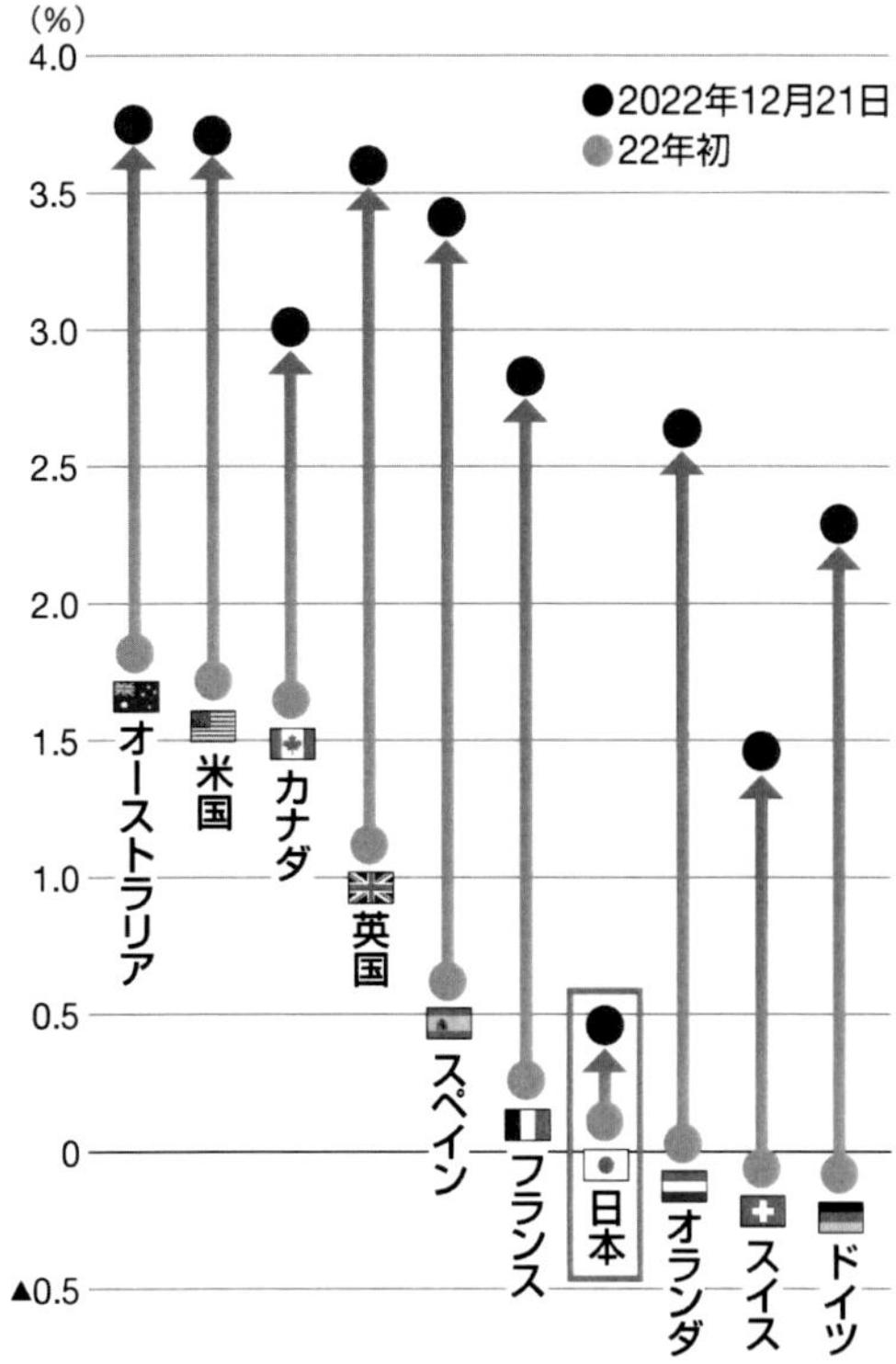

（注）▲はマイナス　（出所）World Government Bonds, Bloomberg

とくに厄介なのは、長期金利のほうだ。これは出口戦略が非常に難しい「禁じ手」だった。というのも、金利の上限引き上げは、予告したら国債市場で損失を回避するための売り圧力が強烈に生じるため、突然実施するしかない。しかも、2022年12月のように実際それをやると、市場参加者は「次も突然上げるのか?」と疑心暗鬼になってしまい、長期金利上昇を抑え込むための日銀の国債購入額は劇的に膨張してしまう。

このため次期日銀総裁は、YCCを終了させて、市場が長期金利を決める世界に戻していくと思われる。ただし日本の国債発行額は膨大で、かつ急激な長期金利上昇は金融機関の経営に打撃をもたらしうる。このため日銀は、今後も数十兆円規模の国債購入を継続し目安となる金利の幅などを示しながら、移行期の混乱を抑えようとするのではないか。

ＹＣＣ撤廃が最大の難所

【木内】日本経済の力は弱く、金利を修正するといっても上昇幅は限定的だ。１２〜１３年の段階で短期金利は０・１％、長期金利は０・８％だった。過去１０年、金利でいうとわずかしか引き下げられなかった。その分、戻すといってもせいぜい短期金利０・１％、長期金利１％未満だろう。

手順としては、マイナス金利の解除で国債市場（長期金利）が混乱しないかを確認しつつ、その後にＹＣＣ撤廃に動く。私の見立てだとマイナス金利解除は２４年半ば以降、ＹＣＣの撤廃はそこから比較的すぐにというスケジュールだ。ＹＣＣの対象を１０年物国債から短期化することもそれ以前にはあるかもしれない。

【熊野】ＹＣＣの出口戦略のリスクとは長期金利の急上昇だが、米長期金利が低下に転じればそのリスクを抑えやすい。

すでに日銀は長期金利の上限を引き上げているが、この流れで長期金利の許容範囲を1%に設定し、反対に米国が利下げに転じて米長期金利が3%に下がったとする。そのぐらいに日米金利差が縮小すれば国債市場はだいぶ安定するはずだ。

【小林】マイナス金利撤廃はだいぶ先だと思っていたが、22年12月の長期金利の許容変動幅拡大で、実施のハードルが低くなった。

マイナス金利は収益面の打撃が大きい金融機関とそうでない金融機関との間で不公平感がある。マイナス0・1%をプラス0・1%にしても、銀行の貸出金利はほとんど変わらないだろう。16年1月の導入時にも、銀行は(住宅ローンの貸し出しベースになる)短期プライムレートを下げなかった。実体経済への影響が少ないならば、2023年中にやめてもおかしくはない。

【Q3】大量に購入したETFはどうする?

【熊野】いずれは売却だ。株式市場に日銀が大株主として存在し続けることは正当化しにくい。

ＧＰＩＦ（年金積立金管理運用独立行政法人）に引き取ってもらうほか、国民に直接売却するという話もある。ただ中央銀行が個人に直接株を売るのは技術的に難しいうえ、損失を被る個人が出た際にどうするのかという問題がある。

【小林】政府系ファンドへの移管が現実的な選択肢だろう。それで日銀の財務リスクは軽減される。だが問題は、この巨大な規模のＥＴＦ（上場投資信託）をどこが受け入れるかだ。

ＧＰＩＦも考えられるが、彼らにも「日本株を何％保有する」といったポートフォリオ戦略があり、余裕がないと抱えられない。時期を見て少しずつ日銀から買っても、その分、市場からの買い入れ額が減るので需給悪化要因になる。

政府系基金へ譲渡が有力

【木内】市場売却は政治的リスクが高くてまずできない。株価が高いときに市場へ影響を与えないよう徐々に売却しても100年はかかる。ましてや株価下落時に売却すれば日銀に批判が殺到する。

ETFを移す受け皿機関をつくり、その機関が発行する政府保証債を日銀が引き受け、高リスク資産を安全な資産に変えるのが現実的だ。ただ、移管先の機関でも損失が出て資本が毀損すれば公的資金が注入され批判を受けかねない。損失が出ない形にしつつ、株式市場への影響が小さくなることを示せるスキームを作るのではないか。

【加藤】購入したETFの出口を考える際、問題は2つある。1つ目はETFを市場で売却すると相場が崩れてしまうこと。2つ目はETFの年間分配金が日銀の貴重な収入源となっていること。ETFの分配金は今や日銀の収入全体の約半分を占める。今後政策金利を引き上げると、日銀当座預金に支払う利息が増え、営業収益が赤字になりやすくなる。この局面で収益源のETFを手放すことを日銀は嫌がるだろう。

長期的にみた出口戦略としては、日銀は外部の機関にETFを譲渡して価格変動リスクを切り離すべきだろう。その後に同機関が株式市場で時間をかけて処分していく。1990年代末期に中銀が株式を購入した香港はその手法で個人投資家に売却して出口を成功させた。しかしそれも、株価は上昇していくという予想がないと利食い売りが起きて相場は崩れるだろう。

【Q4】政策転換進行による経済への影響は?

【加藤】短期的な影響としては、マイナスまたはゼロ近傍の金利が少しプラスになる程度なので一歩引いて見ればダメージは限定的。超低金利継続を前提に資金を借りていた企業や家計の中には苦しくなるところも出てくる。一方で、若干の金利上昇で超円安が修正されることで、国民の実質所得にはプラスに働く。

中長期的にはメリットが上回る。現在の政策は市場機能を歪ませ、日本経済の非効率性を高めてしまっている。長い目では、金利が市場で決まる状態を取り戻すことはプラスになる。

株安、円高加速がリスク

【木内】過去10年間の金融政策の効果は小さかった。政策を転換しても金利が大きく上がるとは考えにくく経済への影響も限定的だ。

ただ為替市場には大きな影響があるだろう。この10年間の緩和でも為替には大きな効果があった。政策転換によって円高がゆっくり進めばいいが、急激に進むと経済に逆風となる。とはいえ、基本的には現状の政策による副作用を減らし、市場機能を取り戻すことによるメリットのほうが大きい。

【熊野】企業に与えるマイナスは、円高リスクに加えて、社債発行レートが上がって設備投資が減退するおそれがあること。投資家に対しては保有する債券・国債の価格が下落すること。政府に対しては利払い費が上がってプライマリーバランス黒字化に向けた計画も狂いかねないこと。個人に対しては住宅ローン負担増など将来設計に影響が出てくるリスクがある。

一方、長い目でみると低金利下でのゾンビ企業が淘汰され、新陳代謝が進むのは必要なことだ。預金金利が上昇してインフレ耐性がつくことは家計にもプラス。金融機関の収益も改善する。

【小林】マイナス金利やYCCを撤廃しても企業や家計が借り入れ面で損をする金額は合計6000億円程度とみられ、大した影響額ではない。政府の利払いは2・2兆円程度増えるが、これは結局(国債を保有する)金融機関の懐に入る。大きな目でみると政府から金融機関にお金が移転する構図だ。

一方で短期的にはマーケットへの影響が出る。金融市場における株式価値評価は、国債金利がベースになっている。その金利が上がれば株式などリスク資産の評価額は当然下がる。実際、2022年12月の金融政策修正後に株価は4%下がったが、それは国債金利が上昇した分とほぼ同等の影響額だ。

短期では円高・債券下落、中長期では生産性向上
—政策転換を進めた場合の現実的な影響—

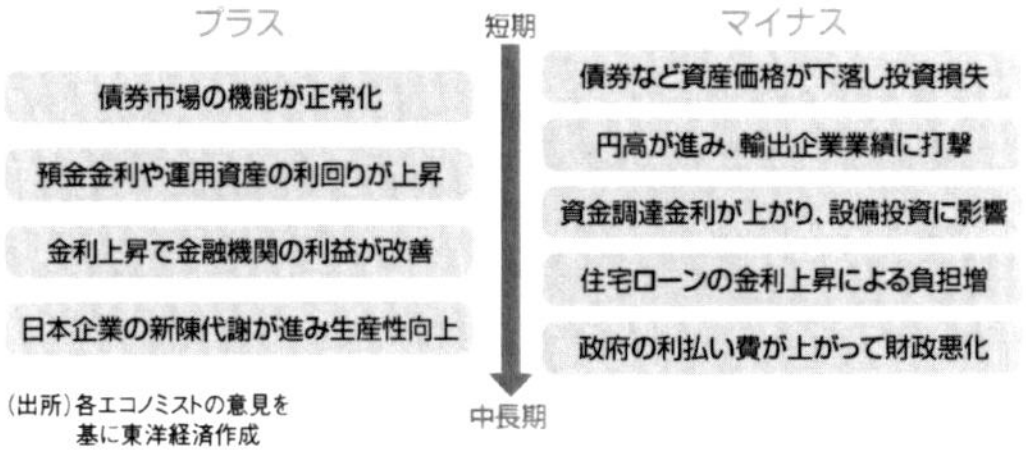

プラス		マイナス
債券市場の機能が正常化	短期	債券など資産価格が下落し投資損失
預金金利や運用資産の利回りが上昇		円高が進み、輸出企業業績に打撃
金利上昇で金融機関の利益が改善		資金調達金利が上がり、設備投資に影響
日本企業の新陳代謝が進み生産性向上		住宅ローンの金利上昇による負担増
	中長期	政府の利払い費が上がって財政悪化

（出所）各エコノミストの意見を
基に東洋経済作成

【Q5】日銀の財務状況が悪化することの問題は?

【加藤】日銀が政策金利を引き上げていくと、日銀当座預金に預けている民間銀行への利払い費が膨らむ。保有している国債からの利息収入は少ないので、2023年ではないとしても、いずれ赤字決算になりうる。もっとも事実上の〝親会社〟である政府が健全である限りは、〝子会社〟の日銀が一時的に債務超過になっても問題ない。

【熊野】私は重視しなくてよいと思う。日銀の財務が悪化すると円の信用が落ちるといわれる。だが債務超過リスクに対しては政府が出資金を増やせばいい。経済が成長し、税収が増え、政府債務が減っていく健全化の過程が変わらなければ穴埋めするだけ。いかに経済全体を正常化させるかが問題であり、日銀の財務問題はその次だ。

【木内】私の試算では日銀の経常収支が赤字になる短期金利は0・4%、債務超過になる短期金利は2%。日本の成長力の弱さから、そこまで金利を上げることは考えにく、財務悪化リスクは金利正常化の制約にはならない。

【小林】金本位制の時代ならば金準備がないと紙幣はただの紙となるが、現代はその通貨がさまざまな所で通用し誰もが認めていることが価値を安定させている。日銀が債務超過になったからといって円の信認に影響するとは言いがたい。

しかし、安定流通をつかさどる日銀が債務超過状況を放置すれば、調整能力や管理機関としての能力に問題があると見なされかねない。

政治問題化が最大の懸念

【木内】問題は政府による出資金補填が政治問題になること。国民負担が発生し、日銀の政策を国会でちゃんと監視しなければ、という流れになれば、日銀の独立性が制限されるきっかけを生む。

【加藤】最も恐ろしいシナリオは、政府の健全性への疑念、日本経済停滞への懸念から、個人も含めて資本逃避が起こること。円をドル資産に転換する流れが加速し、外貨準備も尽きれば、日銀は短期金利をそうとう引き上げる必要がある。日銀当座預金の利払い費が急上昇し、日銀は一気に債務超過になるだろう。

政府はそこで日銀救済のため国債を増発せざるをえないが、日銀がその国債に買いオペをした場合は、日本は大丈夫かとなる。新興国でありがちな経済危機の構図だ。

（構成・西澤佑介、劉　彦甫）

加藤　出（かとう・いずる）

横浜国立大学卒業、1988年東京短資入社。短期金融市場のブローカーを務めながら97年から東短リサーチ研究員を兼務。2013年東短リサーチ社長チーフエコノミスト。日銀に関する著書複数。

木内登英（きうち・たかひで）

1987年野村総合研究所所属。2007年野村証券金融経済研究所経済調査部長兼チーフエコノミスト。12年から17年まで日本銀行政策委員会審議委員。17年7月からエグゼクティブ エコノミスト。

熊野英生（くまの・ひでお）
横浜国立大学経済学部卒業、1990年日本銀行入行。調査統計局などを経て、2000年第一生命経済研究所入社。11年4月から首席エコノミスト。専門は財政・金融政策、金融市場、経済統計。

小林俊介（こばやし・しゅんすけ）
2007年東京大学卒業、大和総研入社。13年米コロンビア大学と英ロンドン・スクール・オブ・エコノミクスで修士号取得。20年8月からみずほ証券チーフエコノミスト。日本・世界経済、金融市場分析が専門。

ポスト黒田　新体制下のマーケット展望

日本銀行の新体制が発足した暁には、利上げなど出口戦略への転換が予想される。その際、無視できないのが株式市場への影響だ。

現に2022年12月20日、長期金利操作の許容変動幅を従来のプラスマイナス0・25%から同0・5%に引き上げると日銀が発表したときは、日経平均株価は前日比669円安の2万6568円に下落した。2023年はいっそう、日銀の一挙手一投足に市場の注目が集まる。

「ポスト黒田」相場をどう見通すか。ピクテ・ジャパン投資戦略部ストラテジストの糸島孝俊氏は、5~6月あたりに日経平均が2万4000円程度まで下がるのではないかと予想する。

米国の金融引き締めや米中摩擦の影響で、年間を通して上値が重い中、4月に就任する新総裁が1～2カ月かけて金融政策を点検するだろうと糸島氏はみる。これに基づき、異次元緩和脱却の政策スタンスが示されたタイミングで、株価に大きな調整が入るというシナリオだ。

この悪材料を織り込んで相場は底を打ち、年末にかけて2万7000円前後まで反発の余地があると予想する。ゆえに糸島氏はこの調整局面が「絶好の買い場」になるだろうと話す。ただ、出口の見えない米中摩擦に加えて企業業績へのインフレ影響など日銀以外の側面で不安材料が散見され、2万9000～3万円超えは期待薄という考えだ。

新総裁で株価は調整局面

糸島氏はまた、日銀の政策転換のタイミング次第で、株価が底を打つ時期はかなり流動的になると言う。仮に年初から黒田東彦総裁がFRB（米連邦準備制度理事会）のジェローム・パウエル議長顔負けのタカ派的スタンスに切り替え、新総裁就任を待たずして金利引き上げを加速する場合、底値到来も3月ごろに早まる。反対に新体制になっても政策を大きく変えない「漸進的なハト派」を続ければ、日経平均の底打ちは年後半まで後ろ倒しになるという見立てだ。

一方、金融ストラテジストの岡崎良介氏は、もう少し強気なシナリオだ。新総裁が株価に短期的な調整をもたらすと予想するのは変わらない。日経平均は4月に日銀総裁が交代するまでの間は回復基調だが、新総裁就任後は金融政策正常化への観測が高まり、2万7000円程度に落ち込むという。

調整を終えた7～9月には日銀の政策転換だけでなく、FRBによる利上げもピークに到達。米国景気の行方に不透明感が漂う中、日経平均は3万円前後で踊り場を迎える。

10～12月に入ると米国景気の浮沈が鮮明になる。ここで景気が後退していなければ、米国の株式相場は素直に回復局面に突入。反対に景気が後退していても、FRBが金融緩和に転じることで「不況下の米国株高」が見通せる。米国株の反発に引っ張られる形で、日経平均は3万3000円程度へと上昇すると岡崎氏は考える。よって「（株価上昇の）コンセンサスが固まるのを待たず、早めにスイッチを入れる」（岡崎氏）判断が問われるという。

ポスト黒田相場の2シナリオ

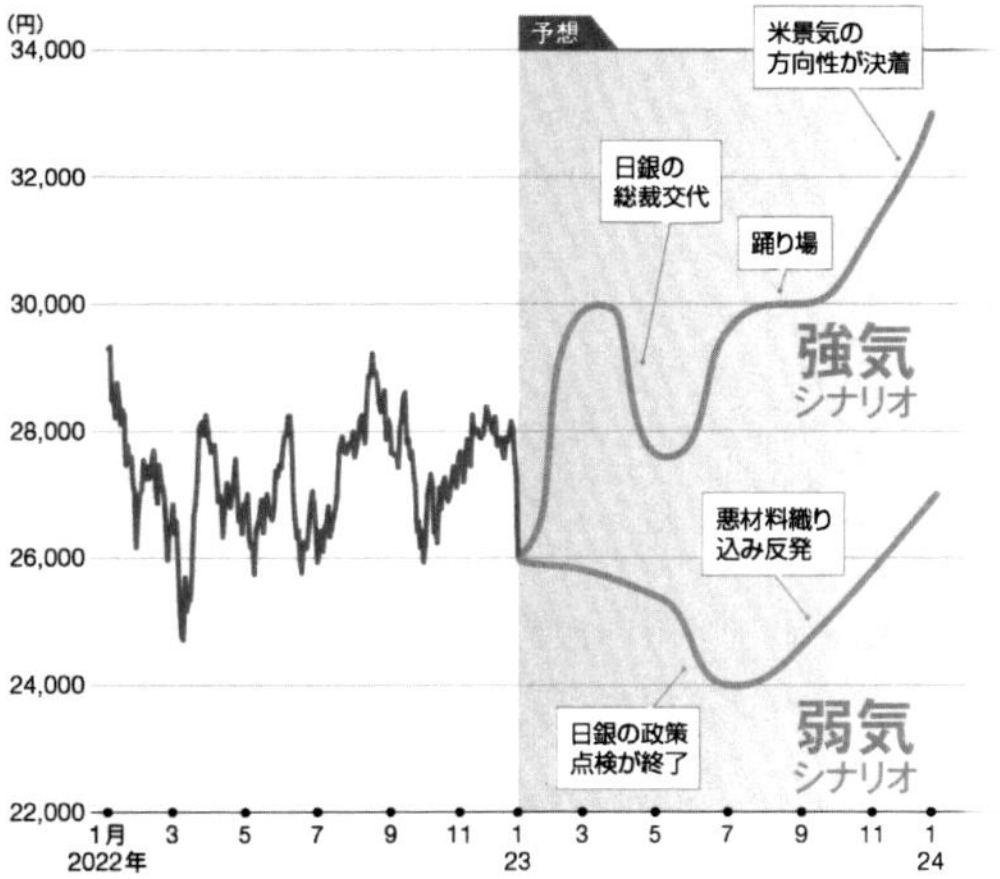

(注)日経平均株価。強気シナリオは岡崎良介・金融ストラテジストの見通し、弱気シナリオは糸島孝俊・ピクテ・ジャパン投資戦略部ストラテジストの見通しに基づき東洋経済作成

ETF処分は織り込まず

強弱のシナリオが入り乱れる2023年の相場観だが、市場のプロ2人に共通するのが、「日銀によるETF（上場投資信託）処分はシナリオに織り込まない」という認識だ。保有株の処分は、株価下落の大きな懸念材料となる。だが、この難題に関する出口戦略の実行は「まだ無理だろう」（岡崎氏）、「氷河のように凍結される」（糸島氏）と口をそろえる。

どの候補者が新総裁に就任するか次第でも、市場の反応は異なってくると両者は考える。岡崎氏は、現副総裁でハト派的な政策修正が期待される雨宮正佳氏に決まった場合は約5％、前副総裁で異次元緩和の副作用を指摘してきた中曽宏氏になれば約10％下落と、調整幅に差が出るとみている。糸島氏も、雨宮氏より中曽氏が就任したほうが株安になるとみている。

業界別の影響はどうか。岡崎氏はインフレが継続するとにらみ、インフレ時に価値が上昇する株式や不動産などを多く持つ企業に追い風が吹くと考える。銀行株や不動産株、総合商社株を例に挙げる。
外食などコロナ禍で補助金漬けとなった業界に妙味を見いだすのは糸島氏。ゾンビ企業が続々と倒れる一方で、生き残る企業にとってはシェア拡大のチャンスになるからだ。これを踏まえると、23年は個別企業のファンダメンタル分析にいっそう力を入れる必要がありそうだ。

（森田宗一郎）

レジェンドによる総括

リフレ派の首領で、黒田総裁下で副総裁を務めた岩田規久男氏。リフレ政策に批判の論陣を張ってきた翁邦雄氏。長年、金融政策の論壇を牽引し、時に激しく火花を散らしたレジェンド経済学者2人の総括。

（聞き手・西澤佑介、髙岡健太）

「黒田総裁は理論を信用しすぎた」

大妻女子大学特任教授、京都大学公共政策大学院 名誉フェロー・翁 邦雄

――この10年の成果と課題をどう評価しますか。

〝成果〟は、逆説的だが、金融政策だけでは物価は上がらないとわかったこと。金融緩和で物価が上がるか否かの長い水掛け論が続いた後、実際にとことんやったがダメだったということ。課題はYCC（イールドカーブ・コントロール）など、副作用の大きな政策をしたことだ。YCCは金融市場の「ロックダウン」に近い。

――ロックダウンというのはユニークな表現です。

YCC政策の下で日銀は、短期金利だけではなく、本来市場が決めるはずの10年物国債金利まで超低位で固定した。それでも経済活動は活性化されず、逆に生産性の低い企業の温存など弱い経済をつくり出し、長期停滞をもたらす本質的な課題への取り組みは先送りにされた。これは、厳格なロックダウンでコロナへの耐性強化といった課題を先送りにした中国のゼロコロナ政策と似ている。

市場経済で重要な「価格機能」を金利が果たせなくなったため、異変が起きてもシグナルが出なくなってしまった。2022年12月に行ったYCC修正も、長期金利が0・25%から0・5%という新たな上限に張り付くようになっただけでロックダウンの解除（金利変動の自由度増大）ではない。

超緩和で雇用の質が悪化

――異次元緩和は禍根を残した？

リフレ派は金融緩和によって需要を喚起し、インフレ率2%を実現できると思っていたが、そうならなかった。超低金利環境で雇用が増え、企業も潰れなかったと言っているが、裏を返せば新陳代謝が落ちたということ。企業はリスクを取らず、ゾンビ企業が生き残り、非正規雇用の増大など雇用の質も悪化し、正規雇用でも賃金が上がらなくなった。賃金がまったく上がっていない日本は先進国でも例外的存在だ。

――理論にどんな問題があったと思いますか。

異次元緩和が依拠する理論はニューケインジアンだが、その前提は非現実的だ。現実には流動性のわなは存在する。金融政策はひもと同じで、強力に引き締めることはできても、押す力は弱い。

中央銀行を万能とみる考え方も問題がある。中銀が2％インフレ率にコミットすれば、それを人々が予想（期待）インフレ率として織り込む結果、それを前提とした経済が実現していくと考える。が、実際の人々は中銀の目標なんて知らないし興味もない。異次元緩和当初の日銀のアンケートでも、大多数の人々はデフレよりむしろインフレが怖いと答えていた。

――新体制で必要なことは何でしょうか。

調整力と幅広い識見、国民への共感力だ。黒田総裁は近年流行の経済理論を過信しているし、国民の実感と懸け離れることがあった。2022年6月の「値上げ許容」発言は象徴的だ。経済学は、完成した学問には程遠く、その時々のメインストリームがつねに正しいわけではない。謙虚にいろんな視点を持つことが大事。そうすれば経済学の知見も相対化して生かすことができ、国民全体の心情に寄り添った情報発信をしていくこともできるだろう。

翁　邦雄（おきな・くにお）

1951年生まれ。74年日本銀行入行。83年米シカゴ大学ph.D.取得（経済学）。日本銀行金融研究所長、京都大学公共政策大学院教授などを経て現職。

「増税容認発言で自分の首を絞めた」

学習院大学名誉教授・岩田規久男

――黒田体制の最初の5年を副総裁として支えました。

2013年に就任して1年目は想定どおり。予想インフレ率も上がり、円安になり、株価・物価も上がって、14年夏ごろにはインフレ目標2％を達成していたはずだ。それに水を差したのが14年4月の消費増税だった。

2％目標はなかなか達成しなかったが、黒田総裁時代の物価はずっとプラス。雇用もよくなった。その前までデフレだったことを考えれば「デフレ脱却宣言」をしていいぐらいだった。

私は、アベノミクスの3本の矢は、実際は第1の矢（大胆な金融政策）の一本足打法だったと思う。第2の矢の財政政策では2度に及ぶ消費増税が物価上昇の足を引っ張り、第3の矢の成長戦略は中途半端に終わった。金融政策だけでここまでできたのは「よく頑張った」と評価してほしい。

想定外のデフレマインド

――異次元緩和を始める前と後で想定外だった点は。

家計と企業のデフレマインドの強さだ。物価は上がらないものだという前提が人々の行動に染み付いている。家計は貯蓄に励み、若者の消費性向も非常に低下した。そんな国だからだろう。5%から8%へと3ポイントの消費増税だけで、これほど景気が落ち込むとは思わなかった。だから民間に代わり、日銀の超金融緩和政策とともに政府が需要を牽引しなければと思うようになった。もう限界という地点まで金融政策を行ってきた。ここからは財政の役割だ。

――金融政策を重視するリフレ派の考えが通じなかった?

私は「金融政策の万能論者」といわれているが、そんなことはまったく言っていないし、実際に万能だとは思っていない。異次元緩和を始めて1年しか経たないうちに消費増税による物価下押し政策を実施すれば、金融政策の効果は阻害されてしまう。

――黒田総裁は消費増税延期に否定的でした。

2013年、執行部に相談もなく、増税延期による国債金利急騰の可能性を「どえらいリスク」と発言したのには驚いた。あれは日銀総裁として言ってはいけないこと。私が会見を開いてこの発言を否定することはできた。だが執行部割れを表面化させたくもなく、どうしようか本当に悩んだ。そこで私は追加緩和（14年10月）を主張することにした。もし私があそこまで要求しなかったら、追加緩和を行わなかったのでは、と思うほどだ。

黒田総裁は2年で物価2%を実現し「大総裁」になれたはずだが、自分で自分の首を絞めてしまった。

――次期総裁に何を求めますか

デフレからの完全脱却には、財政と金融は協力するべきだという信念を持っていること。財務省の言いなりにならないこと。

金融緩和はいずれ出口に向かうものだが、今はその段階ではない。歴史を振り返ると、金融緩和はつねに出口が早すぎる傾向があった。黒田総裁は「2～3年のうちは、利上げはない」と言っていたがそのとおり。財政の協力もなく、新総裁が金融政策を出口に向かわせることになったら、もう日本経済のお先は真っ暗です。

岩田規久男（いわた・きくお）

1942年生まれ。73年東京大学大学院経済学研究科博士課程単位取得満期退学。学習院大学経済学部教授などを経て、2013年から5年間日銀副総裁を務める。

日銀　カネ・組織・出世のルール

日本銀行とはどんな組織か。職員のキャリア人生は。ベールに包まれたそのリアルを、関係者の証言で明らかにする。

今ここに、総合職として新卒採用された平均的な日銀職員がいると想定しよう。本店の住所から、本石君と名付ける。

本石君の出身は東京大学だ。年間採用数約150人のうち、東大が平均して最も多い。日銀の採用上位校を見ると（過去3年度の平均）

1位　東京大学：16名
2位　慶応大学：15名
3位　早稲田大学：12名

4位　東京女子大学：6名
5位　立教大学：5名
6位　学習院大学：4名
同　青山学院大学：4名
同　一橋大学：4名

などとなっている。特定職（官庁でいうノンキャリア）や一般職を含んでも、東大は最多だ。本石君と同じ東大出身の日銀元職員は、公益に資する仕事に就きたいと中央省庁なども志望していた。最終的に日銀に決めたのは「面接官の、度量深く、とことん議論することを好む様子が好印象だったため」と語る。

新人研修を終えた本石君がまず配属されるのは、全国32の支店である。そこで地域の産業調査や統計作成、発券業務などの基本的な仕事を体験する。地元の盆踊り大会に参画するなど、地域行事振興への貢献も重要な任務だ。そして1年半程度で本店へ戻る。

配属先の支店で、本石君はフィアンセを見つけるかもしれない。

日銀は行内結婚が多いことで知られる。本店よりもアットホームな雰囲気が漂う支店では、定期的な飲み会、週末のイベントもしばしば。行員間の交流も自然と深まる。行内結婚をした、ある男性元職員は話す。「男性も女性も優秀で人格的に優れた人が多い。尊敬できる人と、身近で自然に出会える環境というのは大きい」。

日銀で最も有名な行内結婚者といえば、京都大学名誉フェローの翁邦雄氏と、日本総合研究所理事長の翁百合氏の夫妻だろう。当時京都支店に勤務していた入行4年目の百合氏と、金融研究所を経て大学研究者に一時転じていた邦雄氏は1987年に結婚した。だが、行内結婚者はどちらか一方が退職しなければならない、という当時の保守的なルールが2人に突きつけられる。先に申し出たのは邦雄氏のほうだった。「百合のほうが優秀だから、俺が辞める」と伝えたといわれる（本人は記憶にないという）。日銀側は慌てて邦雄氏を引き留め、結局は妻の百合氏が転出する形になったが、当時の人事が一計を案じ、有能な職員だった百合氏に日本総研への花道を用意した。百合氏はそこで順調にキャリアを重ねて理事長に。日銀副総裁の候補にも挙げられている。

部署によって異なる文化

話を戻そう。本店に戻った本石君は、通常2～3年間隔で部局間を異動しながら自分の「畑」を見定めていくことになる。12局2室1研究所の本店は、部署によってカルチャーがまるで違う。

"花形"企画局は50人の精鋭部隊 —日本銀行(本店)の組織と陣容—

日銀本店 2700人
花形
金融政策
企画局 50人
金融政策の企画および立案、役員の講演原稿作成
政策委員会室 130人
国会渉外や秘書、組織運営の企画、日銀法の法務
調査・分析
調査統計局 160人
「短観」など経済統計や、景気の分析、リポート作成
金融研究所 70人
金融経済の基礎研究、学界との交流。国際的な影響力あり
金融市場局 120人
金融政策の「オペ」を実行。国内外マーケットの調査も
国際局 170人
国際業務を担う。海外経済調査、海外中央銀行との連携も
現場
システム情報局 420人
日銀ネットなどシステムの開発・管理。東京・府中に拠点
金融機構局 330人
金融機関への考査・モニタリングを通じて信用秩序維持
業務局 330人
預金受け入れや手形割引など「銀行の銀行」、「政府の銀行」
発券局 220人
日銀券の発券、損傷通貨の回収。埼玉・戸田に拠点
決済機構局 50人
決済システムの整備や、デジタル通貨の企画・検証
スタッフ
総務人事局 90人
組織管理、職員の人事
情報サービス局 90人
広報、金融知識の普及
文書局 220人
施設管理、福利厚生、警備
検査室 40人
行内の事務処理を検査

(注)局室別の職員数は2022年11月時点の概数。本店の職員数は22年3月末の常勤

金融政策の立案を担う企画局は押しも押されもせぬ花形だ。粒ぞろいの職員の中からさらに選ばれた、わずか50人の精鋭部隊。そつのないエリートが集まる。

エコノミスト的な部署である調査統計局や金融研究所は学究肌のカルチャー。「銀行の銀行」を担う業務局は仕事のルールがきっちりした、カタい部署。国際局は、日銀の〝西海岸〟と呼ばれることもあり、女性職員も多く、独特の華やかな雰囲気があるという。

一方、体育会系の部署もある。金融機関のモニタリング（経営やリスク状況の点検）を担う金融機構局だ。そこでは地方銀行などに対する3週間前後の立ち入り調査（考査）を年に数回行う。場合によっては1年の半分は出張するという、ハードな職務だ。「飲みニケーション」も比較的頻繁。立ち入り調査に向かう前は、チーム内で「出陣式」に該当する飲み会を開催し、結束を高め合う。終えた後は「凱旋式」と称する飲み会を開き、無事にモニタリングの報告をし終えたことをねぎらい合う。

約10年にわたって同局に在籍した元日銀職員の神田潤一衆議院議員は「飲み会で相互理解を深めたり、目標に向かってチーム一丸となって頑張ったりする。スポーツ青年だった私は、そんな金融機構局のカルチャーと水が合った」と振り返る。

各部署でもまれながら、本石君は日銀パーソン特有のスキルを磨いていくだろう。その代表は「日銀文学」だ。景気や物価の判断などを示す際に日銀が用いる、複雑かつ不明瞭な言い回しを指す。

独特の保守的文章術

若手は「てにをは」や、持ち直し、拡大、悪化といった表現の微妙な使い分けなどを、何度も赤字を入れられながら体得していく。

ある日銀元職員は、転職先の民間企業で報告書を提出したときのことを覚えている。上司は一読し「君の文章は日本語として非常に正確だ」と褒めてから、こう続けた。「でも何も書いていないよね」。

その元職員は振り返る。「間違いが許されない日銀では、わからないことは『わからない』と書く。物価が上がるリスクも下がるリスクもあれば『不確実だ』と書くのが正解。しかし営利企業の世界では、言葉の正確さよりも、意思決定に資する文章かが問われる」。

文書を対外公表する際は、その姿勢が輪をかけて保守的になる。

昔、大阪の小売物価統計の特徴を文書で発表しようとした日銀職員がいた。大阪では消費者が値切って安く買う文化がある。このため、店頭表示価格ベースで比べると全国より値が高めに出る傾向がある。この興味深い問題を提起しようとした際、行内は公表すべきかをめぐってもめにもめた。リポートは20回以上書き直されたが、結局お蔵入りになった。

本石君は順調に企画役へと昇進した。企画役は日銀で最も一般的な管理職の職位だ。ここまではエスカレーターのようだった。企画役の手前、企画役補佐までは同期全員横並びで昇進する。企画役もほとんどの職員がなれるが、就任時期で同期との差がつき始め、最速の34歳でなれれば出世候補と見なされる。

問題はそこから先だ。企画役の人数は615人。その上の参事役（一般支店の支店長級）から急に幅が狭まり、人数はわずか77人に。局長・審議役級は40人、理事（企業でいう執行役員）は6人。この数字からわかるのは、日銀職員の多くは企画役からの「出世の壁」に阻まれて、キャリアを終えることである。

■「出世の壁」は分厚い—日本銀行(本店)の職位と年収—

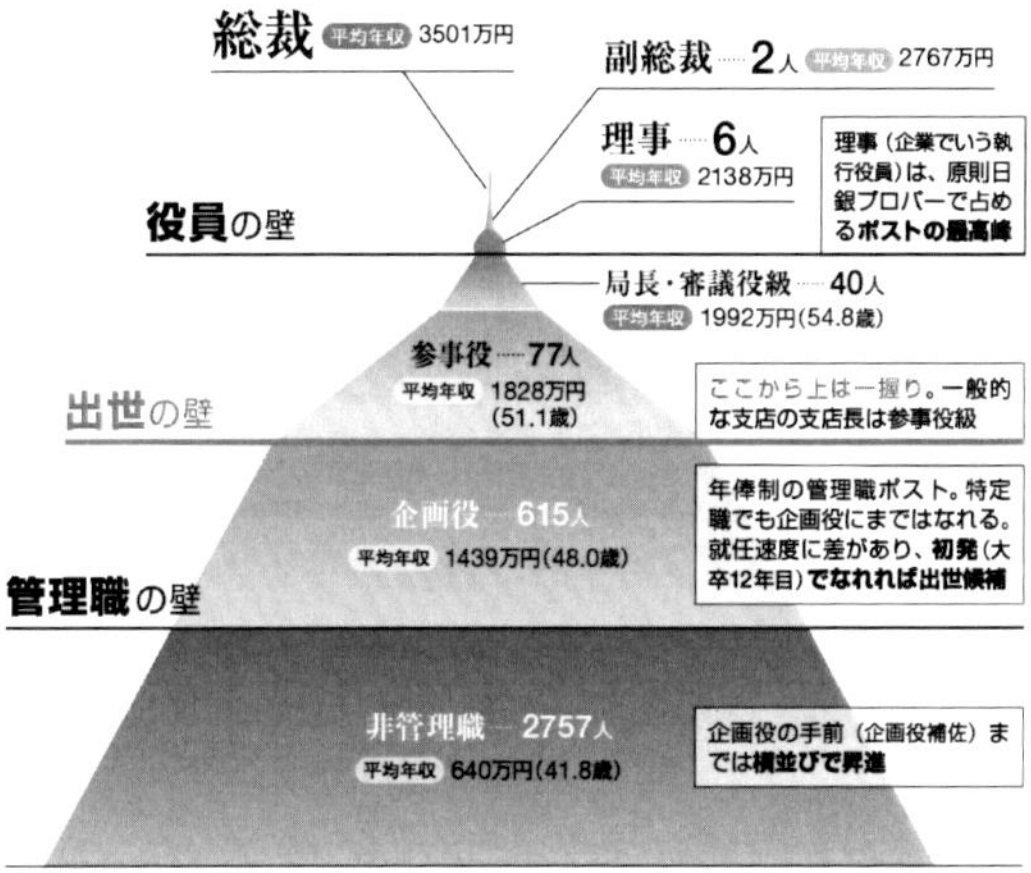

(注)2021年度。カッコ内は平均年齢。人数は支店含む　(出所)日本銀行資料や取材を基に東洋経済作成

知力と外向性が出世左右

出世競争を勝ち抜く条件は何か。営利企業とは違って、個人の営業成績が左右する組織ではない。

ミスをしない、法令を順守するは最低条件。そのうえで関係者の証言が一致するのは「論理を詰める力」だ。考査でも金融政策の立案でも、論理的な思考と説明ができ、論理の穴を埋められる人物に高い評価が集まる。要するに知力でず抜けることだ。前総裁の白川方明氏や元理事の早川英男氏をこのタイプとする関係者は多い。

外向性を挙げる人もいる。市場の声や世論など、日銀の外の声にも敏感な人はリーダー候補になる。行外人脈もその意味で重要となる。「人脈があれば偉くなるわけではないが、上に行く人には、日銀内の仕事だけで完結せず、外部の勉強会や交流会に顔を出す人が多い」（元職員）。

残念ながら、本石君は日銀で頭一つ抜けるには至らなかった。出世競争に敗れ、現場の仕事に強い職人タイプとして年下の上司に使われる日々を甘受するか、転職するかを、考え始めている。

日銀入行10年後の継続雇用割合は、総合職の男性で78%、女性で63%。40歳までに平均して3割程度が辞めるといわれる。

退職理由は「行き詰まり」だけではない。「給料が安い（日銀職員の給料は国家公務員と比べ1～2割高程度）」「ほかにやりたい仕事ができた」など。

転職先として以前から多いのが大学教員。リーマン危機前までは外資系金融機関への転職が盛んだった。現在増えているのがコンサル、そしてベンチャー企業だ。

フィンテックベンチャー、ナウキャスト社長の辻中仁士氏もその一人。2013年入行。日銀時代に出合ったオルタナティブデータ（POSデータや位置情報など非伝統的な統計データ）の可能性に魅了され、15年に同データの解析・商業化を担う同社へ転身した。

「日銀は大砲みたいなもの」と辻中氏は言う。「大人数でたいへんな時間をかけて準備し、政策を打ち出す。私は、小さくても身軽で社会にインパクトを与える仕事がしたかった」。日銀パーソンのセカンドキャリアは幅広い。

（西澤佑介）

入り交じる新体制への期待と不安

超緩和の影響をさまざまに受けてきた主要3業界から日銀新体制への本音を探る。

【銀行】金利引き上げで恩恵享受 「追い風参考」の声も

「サプライズだが、歓迎している」。ある銀行幹部はそう打ち明ける。景気後退が懸念されている2022年12月の日銀の金融政策修正だが、銀行業界にとっては朗報だ。金利上昇は銀行収益に追い風だからだ。

波及効果の筆頭は、貸出金利の改善だ。日銀によれば、国内銀行の新規貸出金利は、金融緩和政策開始直前に当たる2012年11月には1％だった。それが直近の

22年11月には0・6%まで下がった。日銀が金融緩和の手を緩めれば、市場金利の反転を通じて、銀行は貸出金利を引き上げやすくなる。

銀行が日銀に預けている預金（日銀当座預金）への利息も見逃せない。16年から始まったマイナス金利政策では、日銀当座預金が一定水準を超えると、マイナス0・1%の利息が徴収される。マイナス金利政策が解除されれば、当座預金残高を増やさぬよう、利息がほぼ取れない国や自治体向けにも積極的に融資する必要はなくなる。

貸し出しと並ぶ収益柱である、有価証券運用にも影響が及ぶ。銀行の有価証券ポートフォリオの大半は、日本国債が占めている。低下傾向にあった国債利回りが反転すれば、利息収入は純増する。

むろん、金利上昇はいいことずくめではない。利回りが上がると債券価格は下がるため、保有国債には含み損が生じる。加えて、金利上昇局面では預金金利も上昇するため、貸し出しや運用の原資となる預金の調達コストが膨らむ。

とはいえ、昨今の米国でのような急激な上昇でなければ、調達コストの膨張は経営の重荷とはなりにくく、貸出金や有価証券の利回り上昇による恩恵のほうが大きい。

三井住友フィナンシャルグループ（ＦＧ）は、仮に国内金利が１０ベーシスポイント上昇した場合、純利益が２００億円程度増加すると試算する。みずほＦＧも、政策金利や国債利回りなどが一定程度上昇した場合、粗利益ベースで３５０億円の増益効果があるとはじく。

■ プラスの影響が目立つ

―政策転換で期待される銀行経営への影響―

項目	影響	備考
貸出金	↑	貸出金利が上昇し、利ザヤが改善
日銀当座預金	↑	当座預金残高に対するマイナス金利適用が解除される
有価証券運用	→	日本国債の利回り回復で利息収入増加。保有国債は含み損が拡大
預金	↓	預金金利上昇で資金調達コストが膨らむ

政策転換への期待も

一方で、別の銀行関係者はこう指摘する。「イールドカーブコントロール（YCC）を多少調整しただけでは収益への影響は小さい。上限金利のさらなる引き上げやマイナス金利の撤廃がなされれば別だが、日銀がそこまで踏み込めるだろうか」。

今後の政策転換をどう見通すか。ヒントは各行が新たに発表する中期経営計画だ。大手行では三井住友FGやりそなホールディングス（HD）、三井住友トラスト・HD、地銀では千葉銀行や京都銀行、しずおかFGの中計が、3月末で終了する。新中計で政策転換をどの程度織り込むかが、焦点となる。

一方、ある地銀幹部はこんなお家事情を吐露する。「金利上昇を前提に置くと、万が一上がらなかった場合、数値目標達成のハードルが上がる。外部環境は加味せず、実力ベースで計画を立てる銀行が多いのでは」。内心では金利上昇に期待を寄せつつ、表向きは「追い風参考」とする銀行も出そうだ。

（一井　純）

【証券】個人・法人・アセマネ　証券3部門に向かい風

「イールドカーブコントロール（ＹＣＣ）が取っ払われたらどういうダメージが日本経済に来るか。長年経済や金融をみている中でも最も難しい年だ」――。

ネット系大手のＳＢＩ証券を抱えるＳＢＩホールディングスの北尾吉孝会長兼社長は記者会見でこう述べ、警戒感を隠さなかった。証券業界では、日銀による金融政策の変更が業績に与える影響を憂慮する声が広がっている。主な論点は３つある。

まず心配されているのはリテール部門への悪影響だ。金利上昇は株価下落の要因となり、株価が下落する局面では個人の取引は減少することが多い。米国では急激な物価上昇と、それに対応するためのＦＲＢ（米連邦準備制度理事会）による利上げが押し下げ要因となり、２０２２年に株価は約２割下落した（Ｓ＆Ｐ５００）。

日本株でも同じ状況を懸念する声がある。すでに２２年１２月のＹＣＣ変更で翌日の日本株は１・５％以上下落（ＴＯＰＩＸ：東証株価指数）。サプライズ発表で相場の急変動が続けば、投資家はさらに市場に参加しにくくなる。証券会社などでつくる業界団体、日本証券業協会の森田敏夫会長は22年末の会見で日銀の政策に「市場との積極的なコミュニケーションを期待したい」と注文をつけた。

次に懸念されているのが企業などによる資金調達の減少だ。証券会社は債券や株式の発行をサポートすることで収益を得ている。今後金利がむやみに上昇すれば債券の発行を見合わせる企業がさらに増える可能性があり、証券会社の業績にとってはマイナスだ。

また、金融引き締めによって株式市場が軟調になれば、公募増資や新規上場などの資本調達も減少しかねない。ある証券会社の幹部は「法人部門の厳しい状況はまだ続くだろう」と嘆息気味だ。

ETF買い入れに黄信号

とりわけ大手証券会社の業績に直接的な影響を与えそうなのが、ETF(上場投資信託)の買い入れについての方針変更だ。

黒田東彦総裁の就任以降、日銀は指数連動ＥＴＦの買い入れを急速に増やしてきた。その裏側では証券グループ傘下のアセットマネジメント各社が巨額の信託報酬を受け取っている。日本経済研究センターの推計では、２２年度に日銀が支払う信託報酬は５００億円以上になる。１０年度からの累計では３０００億円を突破した。

信託報酬は年間500億円超え
―日銀購入ETFの信託報酬試算値―

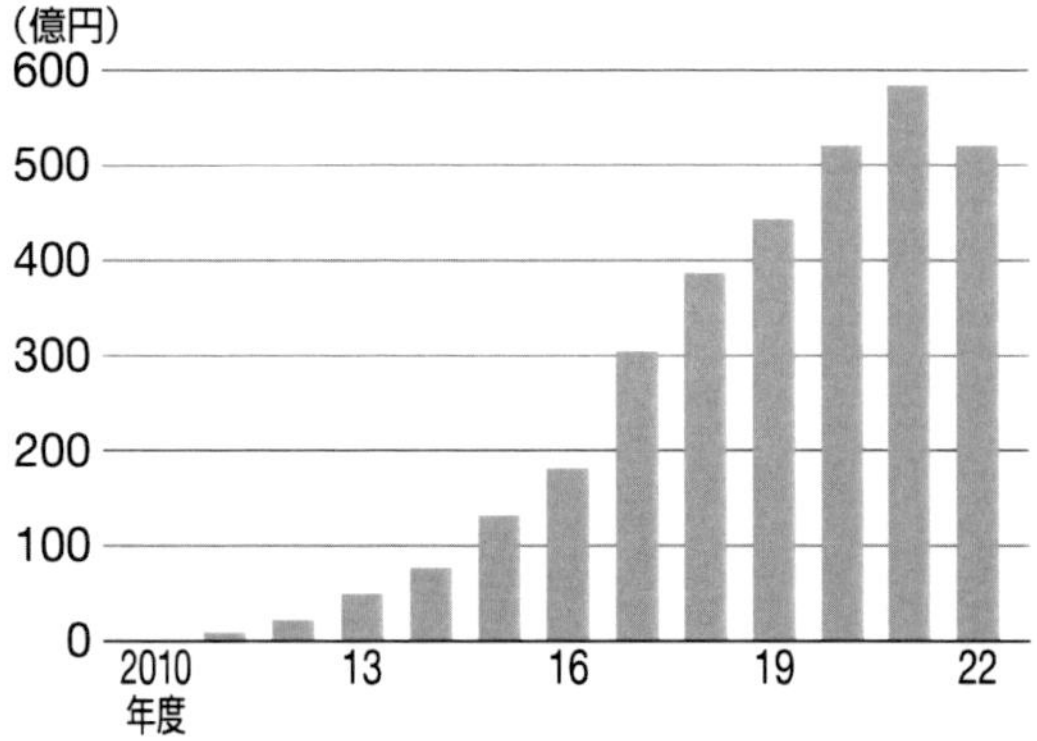

(注)2022年度は22年11月末までの実績を年度換算した値
(出所)日本経済研究センター「金融政策ウォッチ(2022年12月7日)」を基に東洋経済作成

日銀がETFの買い入れや保有に関する政策を変えれば、信託報酬は大幅に減少しかねない。実際、日銀はすでに2022年12月から、ETFの新規買い入れについて方針を変更している。

従来は信託報酬の多寡にかかわらず、市場シェアに応じて買い入れを行っていたが、方針変更以降はその時点で信託報酬が最も安いETFを「一点買い」する。今後、保有するETFについても信託報酬の圧縮を目的とした銘柄入れ替えや、売却がありうる。業績への向かい風は弱まりそうにない。

（梅垣勇人）

【不動産】日銀が活況に水を差すか　国内外投資家の不安募る

金融緩和で不動産業界は、わが世の春を謳歌してきた。

不動産を供給するデベロッパーにとって超低金利は、新規投資がしやすい環境だった。不動産開発には多額の資金を要するため、金融機関からの借り入れなどで調達しなければならない。そのため低金利であればあるほど、借入金の支払利息が圧縮され、デベロッパーは利益を確保しやすくなる。大規模な再開発のみならず、中小規模のオフィスビルなど収益不動産の開発も積極的に行ってきた。

金融緩和による「カネ余り」で不動産の需要も拡大した。不動産の取得にかかった借入金の金利と不動産の利回りとの差（イールドギャップ）が広がり、債券や株式に代わる投資先として不動産は脚光を浴びた。結果、海外の機関投資家を中心に、日本の不動産取引は活況を呈している。

実際、オフィスビルなど商業用不動産の価格指数は上がり基調だ。複数の不動産企業の関係者は「需要の多い都市部の不動産は、相場よりもはるかに高い金額で取引された」と口をそろえる。

投資家だけでなく消費者も金融緩和の恩恵を受けてきた。首都圏の新築マンションも価格高騰が続いており、バブル期を超える価格水準に達している。それでもパワーカップル（世帯年収の高い共働き世帯）を中心とした消費者は、超低金利を追い風に住宅ローンを組み物件を購入できた。

機関投資家の需要拡大を受け価格上昇
—不動産価格指数（商業用不動産）の推移—

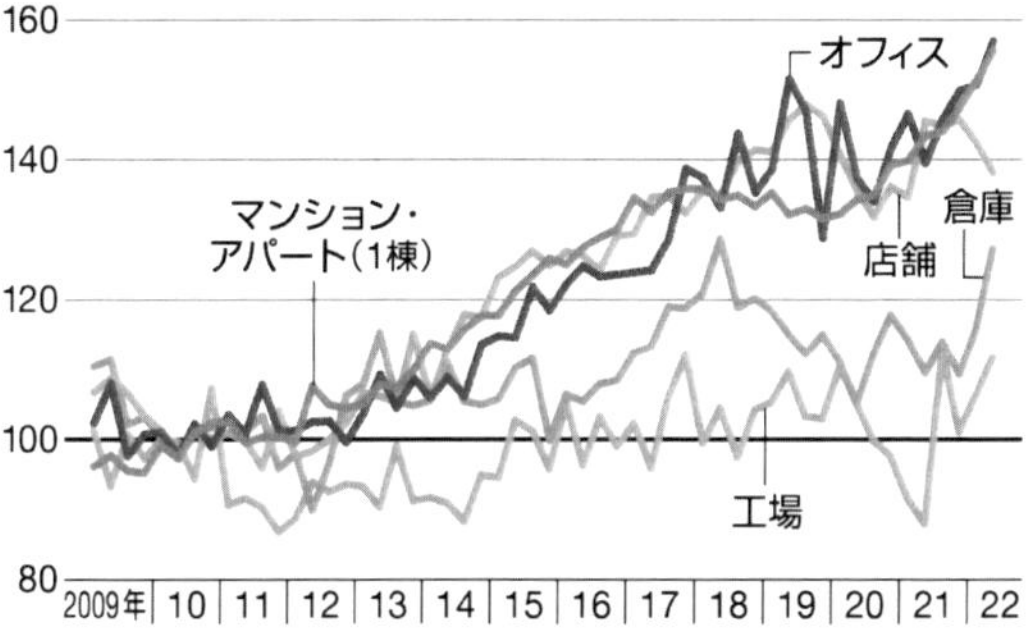

（注）2010年平均を100として指数化。全国が対象
（出所）国土交通省のデータを基に東洋経済作成

楽観する声もあるが…

強力な追い風だった金融緩和が日銀新体制で終わりを迎えたとき、不動産市場はどうなるのか。

供給側をみると、大手デベロッパーの財務は良好で金融機関の支援も期待できる。そのため業界関係者からは、本格的な金融引き締めが始まっても事業環境が急速に悪化しはしないと楽観する声も多い。「金融機関からの借り入れの多い中小デベロッパーは厳しそうだが、市場全体への影響は限定的だろう」（大手デベロッパー幹部）。

一方、金融引き締めによる需要側への影響は避けられない。首都圏の中堅マンションデベロッパーの幹部は、「日銀が利上げの道筋を示さないと、マンションを買い求める消費者の購買意欲への影響が読めない」と嘆息する。一足先に急速な利上げを進めた米国では、「売却先が決まらない物件が増えており、不動産取引が停滞気味だ」（不動産ファンド関係者）という。

日銀が突如、10年金利の許容変動幅を拡大したことで、日本の金融政策の先行き不透明感は増している。金融政策の道筋を日銀が示せなければ、海外勢を中心とした投資家も様子見に回り、不動産取引は緩慢になってしまう。

都内の不動産企業の幹部は、「海外の機関投資家は欧米のような急速な利上げが日本で起きないか注視しており、不動産取引に慎重だ」と語る。政策が活況に水を差さないか、業界関係者は金融政策の行く末を危惧する。

（佃　陸生）

政府・日銀「共同声明」10年後の総括

青山学院大学 特別招聘教授（前日本銀行総裁）・白川方明

世論が「大胆な金融緩和」を求める中で生まれた政府・日銀の共同声明。日銀の苦渋の選択による結果であるこの文書を、10年後の今どう位置づけるべきか。

2013年1月22日、「デフレ脱却と持続的な経済成長の実現のための政府・日本銀行の政策連携について（共同声明）」と題する文書が内閣府、財務省、日銀の連名で公表された。「政府・日本銀行の共同声明」である（以下、「共同声明」）。内容を抜粋すると、日本銀行は、物価の安定を図ることを通じて国民経済の健全な発展に資することを理念として金融政策を運営するとともに、金融システムの安定確保を図る責務を負っている。その際、物価は短期的には様々な要因から影響を受けることを踏まえ、持続可能な物価の安定の実現を目指している。

日本銀行は、今後、日本経済の競争力と成長力の強化に向けた幅広い主体の取組の進展に伴い持続可能な物価の安定と整合的な物価上昇率が高まっていくと認識している。この認識に立って、日本銀行は、物価安定の目標を消費者物価の前年比上昇率で2％とする。

日本銀行は、物価安定の目標の下、金融緩和を推進し、これをできるだけ早期に実現することを目指す。その際、日本銀行は、金融政策の効果波及には相応の時間を要することを踏まえ、金融面での不均衡の蓄積を含めたリスク要因を点検し、経済の持続的な成長を確保する観点から、問題が生じていないかどうかを確認していく。

とある。最近のインフレや円安傾向に加え、2023年春に日銀の正副総裁の任期が来ることもあり、2%物価目標を含め今後の金融政策運営のあり方をめぐる議論が活発化している中で、「共同声明」が話題になることもこのところ増えている。

　思えば「共同声明」が公表された10年前の今頃は2%物価目標をめぐって日本の社会全体に大きな嵐が吹き荒れ、最大風速を記録したときであった。この嵐にどう対処するかは私が日銀総裁在任中に直面した最も難しい課題の1つであり、どのように行動することが日本の将来にとって最も望ましいかを懸命に考えた。それだけに、その後も私は「共同声明」をめぐる動きにはひときわ強い関心を持ち続けてきた。

「共同声明」とはいったい何だったのか、そして今後仮に金融政策運営を見直すとした場合、「共同声明」はどう扱うべきだろうか。これらの問いをめぐって、10周年というタイミングで現在感じていることを述べるのは、文書の作成に関わった一人の当事者として歴史への義務だと思い、この小論を書くことにした。

吹き荒れた嵐

「共同声明」をめぐる一連の動きを振り返り、現在私が抱く最大の感想は、10年前、日本の社会をあれほど席巻した「2%物価目標」や大胆な金融緩和を求める議論はいったい何だったのかということである。1980年代後半のバブルや1990年代前半の金融危機前夜のときもそうであったが、異論を許さないような「時代の空気」が社会を支配することが時として起こる。これにどう対処するかは中央銀行の政策運営にとって最も難しいことの1つであるが、2013年初めに頂点に達したデフレ論争の嵐はその最たるものだった。

そこでまず「共同声明」に至る「時代の空気」を再現することから話を始めたい。出発点は1998年から始まった日本の物価下落であった。ただし下落といっても、2012年末までの累計で4%弱、年平均で0・3%の緩やかな下落であり、わずか数年間で物価が20~30%近くも下落し失業も急増した1930年代の内外のデフレ経験とは大きく異なるものであった。

いずれにせよ、当時、しだいに勢いを増していった金融政策に関する議論は次の3点に要約される。

①日本の低成長の原因は物価の継続的な下落、すなわち、デフレにある。②デフレは「貨幣的現象」であり、日銀がマネタリーベースを大幅に拡大したり期待に効果的に働きかけたりすることによって解消する。③日銀は2％物価目標を設定し、大胆な金融緩和を行うことにより期限を区切って目標達成にコミットしなければならない（多くの論者は2年を主張）。

こうした議論は、最初は米国の著名な経済学者による日銀の金融政策への批判という形で始まったが、比較的短期間のうちに日本の経済学者、エコノミスト、マスコミ、政治家の間に広がっていった。批判論者の議論は、方法論としてマネタリーベースの大幅拡大に力点を置くか（リフレ派）、「期待に働きかける」ことに力点を置くか（期待派）の違いはあったものの、日銀が大胆に金融政策を行えば問題は解消すると主張する点では違いはなかった。

そうした議論が世論に与えた影響は甚大であった。私は総裁在任中、与野党を問わず国会に頻繁に呼ばれたが、多くの議員がマネタリーベースの伸びを示したグラフを掲げながら、大胆な金融緩和の実行を要求した。経済界も大胆な金融緩和を求めるという点では同じであった。ただし、その目的はデフレ脱却というより、円高是正であった。とくに、輸出関連大企業の経営者からは、日本企業の競争力低下の主因は円高であり、円高によって日本の製造業は空洞化するという発言が繰り返され、そうした企業経営者の声はマスコミで連日のように報道された。

「大胆な金融緩和」

日銀批判論の最大の特徴は、金融政策以外の要因が物価に与える影響を文字どおり全否定することであった。例えば、グローバル化や情報通信技術の発達が物価上昇率低下の一因であるという議論は、相対価格の変化と一般物価水準の変化を混同した初歩的な誤りであるとされた。物価上昇率を左右する最も重要な要因は期待（予想）インフレ率であり、日銀が２％目標を掲げて大胆に行動すれば、期待インフレ率も、したがって現実のインフレ率も２％に上昇すると主張された。そうした論者によると、物価下落の原因として金融政策以外の要因（グローバル化、流通マージンの低下、過去の低インフレ、賃金の下落、人口動態の変化など）を挙げることは日銀の責任転嫁であり、日銀は結果に対し責任を取るべきだとされた。

このような状況の下で、私が総裁時代に取った日銀の対応は、以下のような両面作戦とでもいうべきものだった。

当然のことであるが、景気後退の動きに対しては思い切った金融緩和措置を講じた。現実に景気が後退し多くの企業や家計が苦しんでいるときに、ましてや内外の専門家が大胆な金融緩和が有効であると主張しているときに、効果が限定的だからといって金融緩和をいっさい行わないという選択肢はなかった。もしそうした道を取っていたら、日銀はかたくなな存在だとみられ、独立した中央銀行として必要な国民からの最低限の理解や共感を得ることすら難しくなっていただろう。

といっても、金利低下の余地はすでにほとんど残されていなかったので、金融緩和に当たっては国債やリスク資産の買い入れなどにより、わずかながら低下余地の残っていた長期国債金利や民間金利のリスクプレミアム（国債金利への上乗せ幅）の引き下げを図る以外に方法はなかった。そうした資産買い入れの結果、日銀のバランスシートはそれ以前に比べかなり拡大した。その際、日銀批判派との間で意見が鋭く対立したのは、量の拡大自体の効果に関する評価であった。

私の基本認識は、量の拡大は一時的ないし瞬間的にはなにがしかの効果をもたらすことはあるにせよ、すでに短期金利がゼロの状態の下では量の拡大自体の持続的な効果は非常に限定的であるというものであった。他方、量の拡大の効果を強調しこれを前面に打ち出せば、際限のない国債買い入れに組み込まれる危険（財政支配）があることを十分に意識していたことから、量の拡大の歯止めとなるロジックの構築や制度設計には細心の注意を払った。

日銀として以上のような金融緩和措置を行うことと並行して、日本経済の直面する真の課題（グローバル化や少子高齢化への対応など）についてさまざまな機会を捉えて説明し、金融緩和政策だけでは日本の直面している問題は解決しないことを粘り強く説明した。しかし、そうした努力をすればするほど、日銀は緩和に慎重であるとか言い訳をしているという批判も招き、コミュニケーション上の大きなジレンマに直面した。

そうした批判の中で有効な反論が最も難しかったのは、「効果がないのは量の増やし方が足らないから」「緩和措置が小出しだから」という議論であった。今でもよく覚えているが、日銀の金融政策や政治との関係の難しさについて十分に理解しているある大手金融機関の経営者ＯＢから、「量の拡大に意味がないことを理解してもらうためには量を思い切って増やし、世の中に結果を見せるしか方法はなくなっているのではないか」という、助言とも感想とも取れる言葉を聞くこともあった。

これとは別に、「市場参加者が量の拡大の効果を信じている以上、いくら『正論』を吐いても無益であり、『大人の対応』が必要」といった冷めた空気を周辺からも感じることもあった。確かにそうした対応を取れば市場参加者、経済界、マスコミからは取りあえず歓迎されるだろうし、量の拡大には意味がないこともいつかは理解されるかもしれないとは思った。

しかし、そのときには日本経済はもはや取り返しの難しい状態になっている可能性があることを思うと、単に最終的な理解を得るためだけに実験を行うという選択肢は私には到底取れなかった。日銀法は「物価の安定を図ることを通じて国民経済の健全な発展に資する」ことを金融政策の理念として定めており、総裁はその最終的な責任を負っているからだ。

嵐はピークに

日銀批判が頂点に達したのは、2012年秋から13年1月にかけてであった。2012年12月16日に行われた衆議院の総選挙では、当時野党の自民党は「明確な『物価目標』（2％）を設定、その達成に向け、日銀法の改正も視野に、政府・日銀の連携強化の仕組みを作り、大胆な金融緩和を行う」ことを選挙公約に明示的に掲げ、安倍晋三総裁は過激な表現を使って日銀に対し大胆な金融緩和の実施を要求した。そして、そうした政策を掲げた政党が総選挙では圧倒的な勝利を収めた。

もちろん多くの国民は選挙において金融政策の細かな論点を吟味したうえで「大胆な」金融政策を100％支持したわけではないと思う。しかし、大胆な金融政策にノーは突きつけなかったことも事実であった。「海外の有名な学者も大胆な金融政策は効果があると言っている」、「2％目標はグローバルスタンダードである」といった議論を多く耳にすると、折からの厳しい経済の状況とも相まって、実験的な政策にもトライする価値はあるという気分に傾いていったのだろうと思う。当時の主要紙の社説を見ると、さすがに国債の日銀引き受けといった露骨な政策を明示的に支持する議論はなかったが、「工夫」が必要ということが主張されていた。

ここまで量が拡大しリスク資産も購入している中で、いったいどのような「工夫」がありうるのかという思いは強かったが、これも「大胆な実験的政策にトライすべし」という議論の婉曲表現であり、実態は日銀引き受けを求めているのとさして変わりはないと感じた。私からすると、多くの国民や企業経営者、有識者がそうした気分に傾いたことは非常に残念だったが、そうした現実が存在していること自体は事実として受け入れざるをえなかった。

「共同声明」の内容

このような状況に直面し、日銀としてどのように行動すべきか考え抜いた。従来の日銀の主張を全面的に貫き通すという対応と、政府の主張を全面的に受け入れるという対応が両極端として考えられるが、どちらの選択肢も取らなかった。前者について言うと、日銀は国家の中の国家でない以上、選挙に表れた国民の判断をまったく無視することはできないからだ。

仮に日銀が従来の主張を続けた場合には、日銀法が改悪され経済がさらに悪い方向に変化することも十分予想された。後者を選ばなかったのは、量を増やしてもそれ自体として物価を上げる効果はないと判断していたのもさることながら、2%目標達成まで無制限に国債買い入れをするとかゼロ金利を続けるといった約束をすると、日銀が財政ファイナンスの機関と化し、日本経済の持続的成長を阻害すると判断したからであった。

私が取った選択は、いつの日か嵐も吹きやみ、「量の拡大」や「期待に働きかける」といった政策では問題は解決しないのを社会が理解することに希望をつないだ中間的な戦略であった。少なくとも、将来日銀がリフレ派や期待派の主張するのとは異なる金融政策を志向しようと思った際に、そうした政策を追求できるような柔軟性だけは確保しておくこと、それが現在総裁の任にある者の責任だと思った。少なくとも、自分が総裁を務めていたときの日銀が政府との間で交わした文書が将来の日銀の政策委員会メンバーを制約することだけは絶対に避けたかった。

もちろん政府と日銀の考え方が大きく隔たっている以上、日銀からみて100％満足できる文書表現は期待すべくもなかったが、それでも以下で述べるように、前述の最低防衛ラインを何とか守るように最大限の努力をした。

①文書は「政策協定」ではない

政府は当初、拘束力の強い「政策協定」のような名称の文書を求めたが、最終的に合意した文書名は「共同声明」であり、括弧内に政策連携という言葉を使うという形で決着が図られた。日銀からみて理想的ではないが、政策協定やその訳語と理解されていたアコードという表現は回避した。あくまでも「連携」であり、将来の金融政策を決めるのは将来の日銀政策委員会メンバーである。

②2%目標水準は条件付き

最終的な表現は「日本銀行は、今後、日本経済の競争力と成長力の強化に向けた幅広い主体の取組の進展に伴い持続可能な物価の安定と整合的な物価上昇率が高まっていくと認識している。この認識に立って、日本銀行は、物価安定の目標を消費者物価の前年比上昇率で2%とする」とした。

「2%」はあくまでも「日本経済の競争力と成長力の強化に向けた幅広い主体の取組の進展」が前提となっている。したがって、この面で進展がなければ、目標物価上昇率は2%よりも低いことが含意されている。

③達成期限については「2年」だけは回避

最終的な表現は、「日本銀行は、物価安定の目標の下、金融緩和を推進し、これをできるだけ早期に実現することを目指す」となった。日銀は「中長期的な物価安定」を強く主張し、政府は2年という明示的な期限の設定に強くこだわった。両者の妥協の産物が「できるだけ早期に」という表現であった。この表現は明らかに達成不可能な「2年」よりはまだ害が小さいと判断した。

④柔軟な金融政策運営を可能に

最終的な表現は、「その際、日本銀行は、金融政策の効果波及には相応の時間を要することを踏まえ、金融面での不均衡の蓄積を含めたリスク要因を点検し、経済の持続的な成長を確保する観点から、問題が生じていないかどうかを確認していく」となった。

つまり、日銀は物価上昇率2％を絶対的な指標として金融政策を運営するのではなく、金融システムを脅かす可能性のあるさまざまな動きを注意深く点検しながら運営することを明確にしている。

⑤競争力強化と財政の健全化の努力

最終的な表現は、「政府は、（中略）日本経済の競争力と成長力の強化に向けた取組を具体化し、これを強力に推進する」、「政府は、日本銀行との連携強化にあたり、財政運営に対する信認を確保する観点から、持続可能な財政構造を確立するための取組を着実に推進する」となった。この2つは日銀が書き込むことを強く求めたことであるが、政府自身も明確に決意を述べている。

このように、「共同声明」は2％物価目標を定めたうえで日銀がこれを機械的に追求することをうたった文書ではない。むしろ、「2％を機械的に追求しなくても済む道を残すための文書」である。それだけに、「共同声明」が「2％物価目標を定めた文書」として言及されるたびに違和感を覚える。

もちろん、この文書は日銀からみて理想的なものではない。これでは不十分という批判も、またそもそも「共同声明」を出すのに同意したこと自体が失敗だという批判も当然ありうると思う。しかし、私にはあれが限界だった。

その後の10年

「共同声明」から10年が経過したが、この間の動きや現在の議論をどのように評価すればよいだろうか。まず、起きたのは実験的ともいえる金融緩和政策が大規模に行われたことである。物価面では、マネタリーベースは飛躍的に拡大したが、消費者物価上昇率は最初の1年間を除きほとんど反応せず、最近のグローバルインフレ勃発まで、2％物価目標が達成されることはなかった。

その結果、「デフレは貨幣的現象」という議論を聞くことはもはやなくなったし、物価さえ上がれば成長率は上がるという議論を聞くこともなくなった。同時に、そうした議論が世の中を席巻した事実も忘れられつつある。中央銀行にとって「時代の空気」への対処の難しさは今後も変わらないことを示唆しているように思える。以下ではこの10年間をより詳しく振り返ってみたい。

①物価目標の未達

物価目標未達の理由として、今日、消費税増税の影響や「適合的物価予想」が指摘されることが多いが、最終的に物価を決めるのはマネタリーベースであり（リフレ派）、中央銀行の期待への働きかけであるはずだった（期待派）。最近は物価を決めるのは賃金だという議論が有力になっている。

日本の雇用慣行を踏まえると労働市場や賃金の動向が物価上昇率に与える影響は大きいので、賃金の動きに注目することは当然だと私は思うが、いずれにせよ、「デフレは貨幣的現象」の議論はどこに消えたのかという思いは禁じえない。

②海外金融情勢変化による円安化

この10年間の変化として最も取り上げられたのは、為替レートの円安化であった。その最大の要因は世界経済の回復であった。主要国通貨の対ドルレートの長期的動きを見ると12年7月が転換点になっているが、円の為替レートについても円安方向に微妙に変化し始めたのはこのときである。

■ 円安への転換点は2012年7月だった

―欧州債務危機ピーク前後の名目実効為替レート―

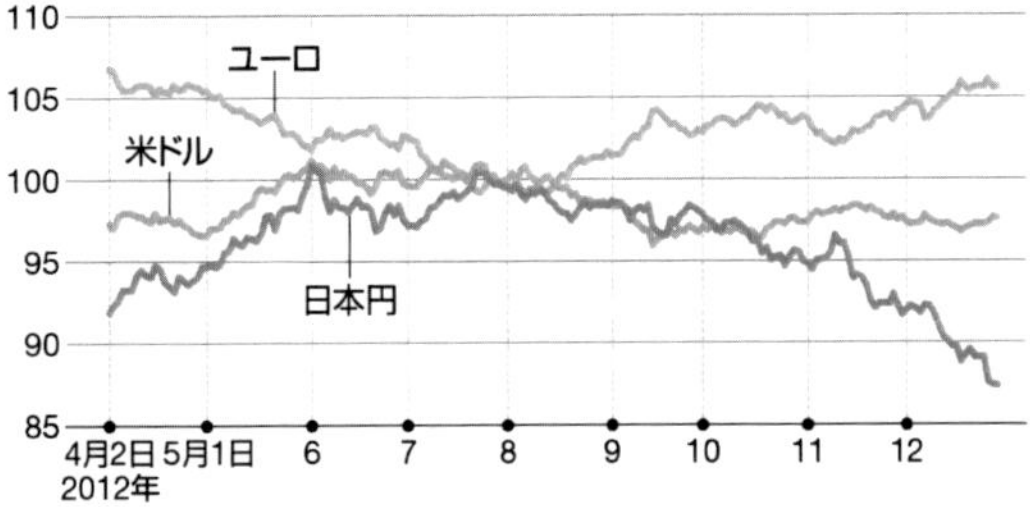

(注)ナローベース。2012年7月26日=100　(出所)BIS

ＥＣＢ（欧州中央銀行）のドラギ総裁（当時）の「ユーロを救うために何でもやる」という有名な発言とその後に採られたユーロ加盟国政府による具体策の実現からユーロ危機が後退し、先進国経済が改善の動きを見せ始めたことが、その後の主要国通貨の為替レート変動の最大の要因であった。円について言えば、このときの円安も２０２２年以降の円安もそうであるが、日本がゼロ金利を維持する中で、海外金利が上昇方向に向かうと、円安が当然生じる。

しかし、円安による物価上昇効果自体は一時的である。円安が進行しても、どこかの時点でその動きが止まると、その1年後には前年比物価上昇率はゼロに戻るからだ。実際にそのとおりのことが起きた。将来にわたって継続的に進行する円安を想定しない限り、円安による物価上昇は一過性である。

実体経済への影響についても触れると、円高によって日本企業の競争力が低下しているとか日本の製造業が空洞化するという議論がかつては盛んであったが、円安が進行しても競争力は回復しなかったし、海外直接投資の増勢は続いている。いずれも原因は円高ではなかったことが明らかになった。

③潜在成長率の低下

日本経済にとってより重要なことは成長率の動向である。景気は2012年11月をボトムに回復に転じたが、実質消費は横ばいであった。いずれにせよ、国内景気は基本的にグローバル景気と同じように動くものである以上、成長率の評価にもグローバルな視点が不可欠である。13年以降日本経済の成長率は世界経済の回復を反映して上昇したが、G7諸国の中でみると、イタリアに次いで低い成長率にとどまっている。雇用面では有効求人倍率や失業率はグローバル金融危機後の2009年をボトムに一貫して改善が続いているが、ある特定の時点を境に非連続的変化が生じているわけではない。

■ **日本の景気回復はグローバルな景気回復の反映**
―G7諸国の実質GDPの推移―

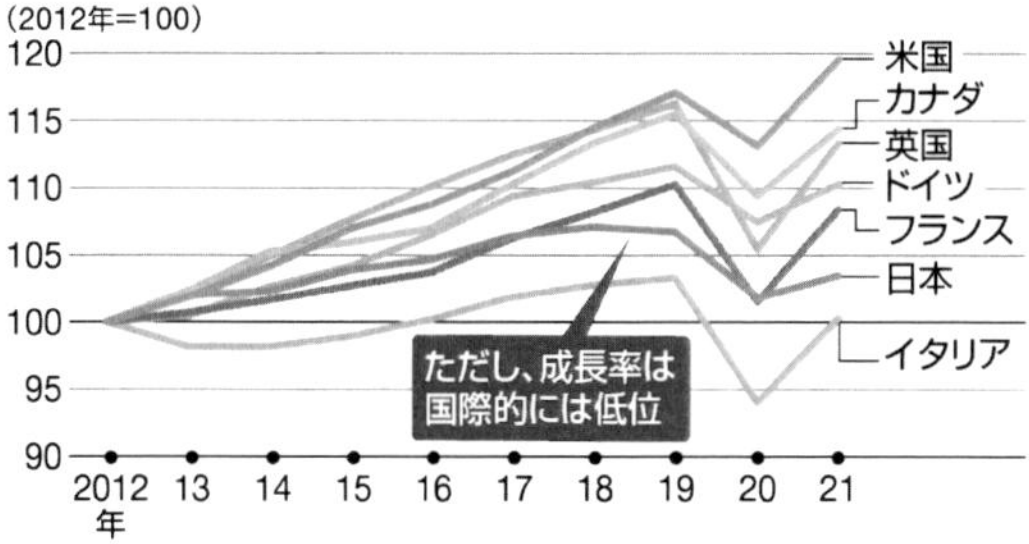

(注)2012年の実質GDPを100としたときの推移
(出所)IMF「World Economic Outlook Database」(2022年10月)

長期的にみてより重要なのは潜在成長率の動向であるが、日銀が公表している推計によると、全体として低下傾向にある。1人当たりの所得の伸びを大きく左右する全要素生産性（TFP）の伸びは全体としては横ばいないし低下気味である。成長力強化の努力が生産性上昇となって実を結ぶのには長い時間がかかるが、10年前にうたわれた「政府は、（中略）日本経済の競争力と成長力の強化に向けた取組を具体化し、これを強力に推進する」という観点からすると、現時点では目に見えた前進があったようには見えない。

■ **潜在成長率は10年前に比べ低下** ―日本の潜在成長率推移―

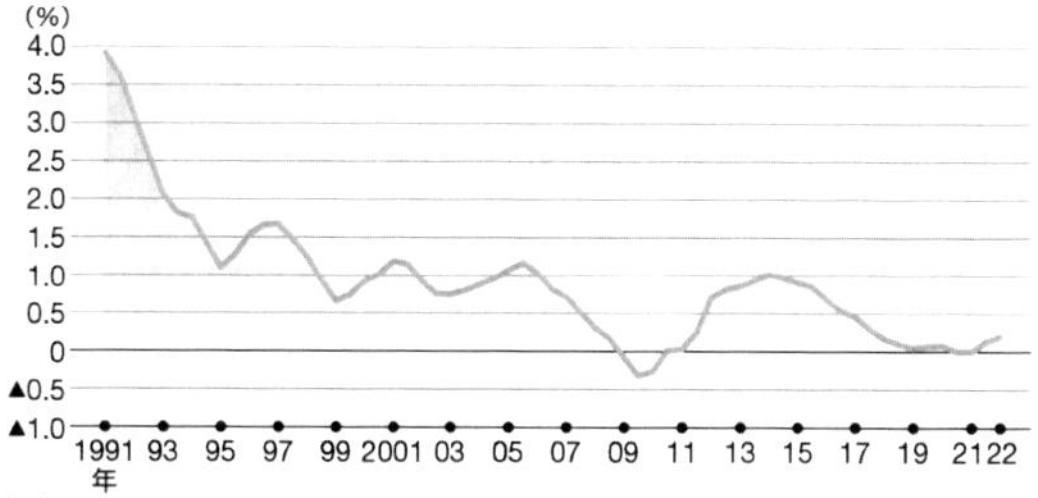

(注)▲はマイナス　(出所)日本銀行

④財政規律の弛緩

一般政府の政府債務残高のGDP比は12年末の226%から21年末には262%にまで上昇している。「共同声明」にうたわれた「持続可能な財政構造を確立するための取組を着実に推進する」という政府の取り組みが進んだとは思えない。

政府債務残高の対GDP比は一段と上昇

―政府債務残高（GDP比）の国際比較―

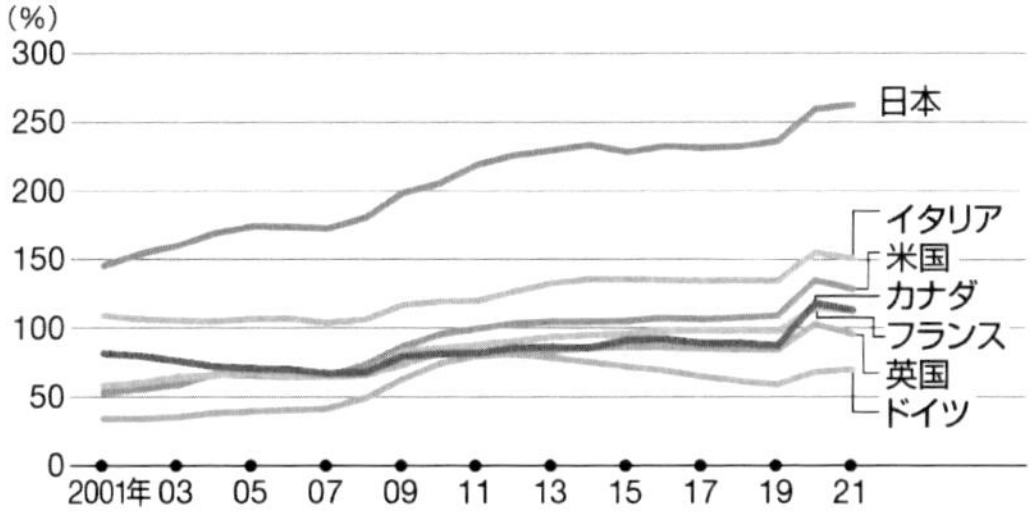

（出所）IMF「World Economic Outlook Database」(2022年10月)

財政規律は明らかに緩んだ。国債の保有構造を見ると、国債・財投債に占める日銀の保有割合はほぼ同じ期間に11・5%から50・3%に上昇している。国債を日銀が保有すると、政府の国債利払いは日銀の収益となり最終的には政府への納付金となるため相殺されるが、景気が拡大したり物価が上がったりする局面では、民間金融機関が日銀に預けている当座預金の金利も上がり政府への納付金も減るので、政府の財政負担が軽くなるというわけではない。

■ 国債全体に占める割合は5割に

—国債の日銀保有割合推移—

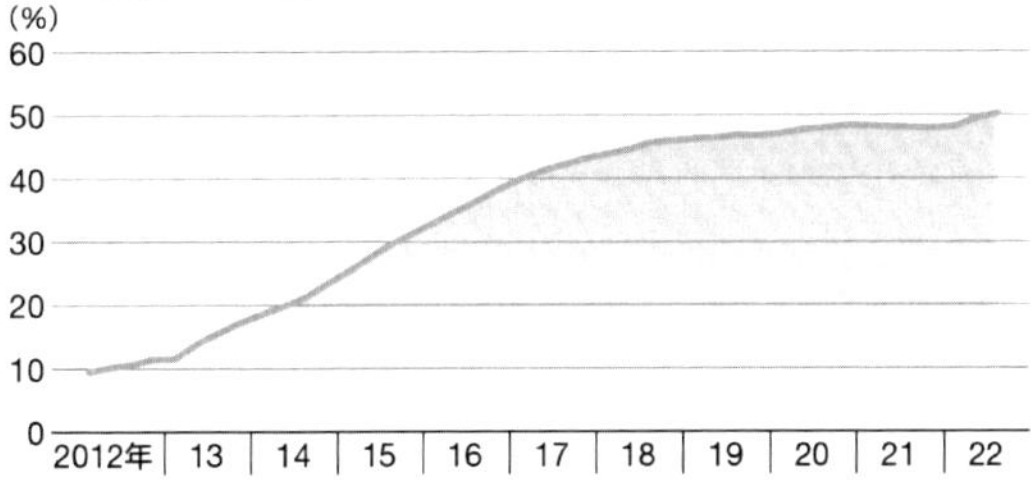

(注)「国債・財投債」の残高構成比。国庫短期証券は含まず

(出所)日本銀行「資金循環統計」

国家全体の資金繰りや金利リスクという観点から政府と日銀を統合したバランスシートでみると、日銀保有国債が著しく増えたということは政府資産を日銀当座預金というオーバーナイトの資金で毎日借り換えるという不安定な調達構造へと変化したことを意味する。

⑤最大の変化は人々の認識の変化

この10年間の最大の変化は、大胆な金融政策の結果を現実に観察することによって、量を拡大しさえすれば物価が上がるとか成長率が上がるといった単純な話ではないことを以前よりは多くの人が理解するようになったことである。そして、もう1つの大きな変化は、日本経済の低成長の原因は物価の下落ではなく、直面している課題は潜在成長率の低下を食い止め、生産性上昇率を引き上げることだと以前に比べると多くの人が実感を持って理解するようになったことであると思う。

このような認識の変化は望ましいことであるが、同時に日本はこのことを学ぶために20年以上もの随分長い時間を使ってしまったことを非常に残念に思う。「民主主義のコスト」という見方もできるかもしれないが、それにしてもあまりにも大きなコストであった。

ただ、日本経済の真の課題について本当に理解が行き渡ったかというと、現在でも確信は持てない。

ごく最近も、著名な経済学者の著書で「長年のデフレに苦しんでいた日本」といった表現を目にしたが、物価と賃金が同率で2％上がっていたとしても、実質賃金が上がらない以上、多くの家計はやはり「苦しんで」いたように思う。こうした表現を目にするたびに、「物価下落が低成長の原因」という見方はなお牢固として残っているように思う。たぶん、デフレという言葉が使われるのは、多くの場合もっと漠然とした意味合いであり、「低成長が長年続いたことで人々の生活も苦しい」といった内容のことを言っているように思う。その意味では目くじらを立てる話ではないかもしれないが、デフレという曖昧な言葉を使うことによって、真の問題の所在に関する認識が曇り社会の改革エネルギーが高まらないという悪影響は無視できないように思う。

見直し論をどう考えるか

このところ、2023年春の正副総裁の交代を控え、金融政策の運営や「共同声明」をどうすべきかという議論が高まっている。これらの論点のうち、「共同声明」という文書自体の扱いについては最後に述べることにして、この文書に書かれている内容はそのままでよいのか、それとも見直しが必要なのだろうか。

①オープンな議論の必要

「共同声明」の個々の内容についてどのような結論を出すにせよ、金融政策、財政政策とも、国民の生活に大きな影響を与えるものである以上、まず何よりも大事なのはオープンに十分な議論を行うことであり、さらにはそれを支えるしっかりとした分析が提供されることである。

その際、分析や議論は単にこの10年の総括ということにとどまらず、実質的なゼロ金利政策が行われてきた過去30年の総括でなければならない。要するに粘り強く金融緩和を続けることで、事態は改善するのかが問われる。例えば、よく耳にする「現在の低インフレは長年の低インフレで予想インフレ率が低かったから」（適合的期待）という説明は、確かにこの10年間に区切って分析するとそのようにも見えるが、まったく同じ議論は10年前、20年前の低インフレについても同じように当てはまるからである。

②正確な課題認識の必要

最も大事なことは、日本経済の課題認識だ。私は日本経済の直面している問題は極めて深刻であると考えており、また多くの人が合意できる解決策が容易に見つかるとは思わない。しかし少なくとも、問題意識がある程度共有されない限り、必要な取り組みが実行に移されることもない。経済は人間の営みの結果である以上、意思を持って取り組めば、30年や40年というタームでは道筋は変わりうると信じたい。そのために最も必要なことは、不都合な真実にも向き合う勇気と問題の正確な認識だ。

現在の「共同声明」では目的や課題については「デフレ脱却と持続的な経済成長の

実現のため」とされているが、本当の課題はデフレ脱却、物価上昇率の引き上げということではなかった。私自身は、高齢化、人口減少がさらに進む状況の下でも1人当たり所得が持続的に成長できる経済をつくることが最も大事な課題だと考えている。そして、そのカギを握るのは生産性の向上である。さらにより長期で考えると、人口減少がどこかの時点で止まるという展望を持てるようにすることである。

③「2%目標」

現在の物価目標になる前は、「中長期的な物価安定の目途」では「消費者物価の前年比上昇率で2%以下のプラスの領域」としたうえで「当面は1%を目途」とするという表現が取られていた。この規定の仕方は現実的で今でも親近感を抱くが、ただ、私は目標物価上昇率が絶対に1%であるとか2%であるとか、そうした数値至上主義の議論には本質的には共感できない。

第1の理由は、そもそも物価上昇率自体をそれほど精密には測れないことである。品質調整後のスマートフォンや高度医療の値段は？　ポイント制を考慮した実質価格は？　と考えていくと、物価上昇率の数字をめぐる微細な議論自体がむなしくなってくる。第2のより根本的な理由は、特定の物価上昇率の短期的な動きにこだわりすぎると、経済金融で起きている持続可能性を脅かしかねないさまざまな事象への関心が低下し、皮肉なことに長い目で見ると、物価の安定、マクロ経済の安定という目的自体が損なわれることが多いからだ。忘れられがちであるが、日本のバブル期の平均消費者物価上昇率は1％以下であった。

物価目標の数字は、中央銀行が目指す物価安定のイメージを伝えることでアカウンタビリティーを果たすための、透明性の工夫の道具にすぎない。透明性は大事であり、目標数字について議論することにも意味はあるが、それ以上に大事なことは物価安定とは中長期的なタイムスパンの中で実現していくものであるという大局的な理解だと思う。その点では、今の「共同声明」もそれが十分可能な書きぶりとなっている。

④「金融緩和頼み」をいかにして防ぐか？

「共同声明」には明示的に書かれていないが、今後を考えるうえで、社会が長期にわたって金融緩和頼みとなるのを防ぐメカニズムやロジックをどのようにして構築するかという視点は極めて重要である。量的緩和政策については、この政策が始まって間もない2002年の時点で、故小宮隆太郎・東京大学名誉教授は「微害微益」と評した。その時点ではこれは適切な評価だったが、量的緩和政策を含めて非伝統的金融政策が20年以上にもわたって続くと、もはや微害とは言えなくなっている。

なぜ金融緩和は長期化するのであろうか。現在の日本経済の低成長化には、高齢化や人口減少、グローバル化への対応の遅れなどさまざまな要因が影響しているが、これらの要因による潜在成長率の低下は、循環的に景気が後退している現象と区別がつきにくい。

さらに、潜在成長率の引き上げに必要な抜本的な対応策は痛みを伴い不人気であることに加え、効果が実感できるまでには長い時間がかかることから、取りあえず多くの人から歓迎される金融緩和が選ばれる。

しかし、言うまでもなく金融緩和は打ち出の小づちではない。金融緩和の効果は本質的に将来の需要の前借りであることから、長期化するほど、効果は逓減する。他方、金融緩和は長期化すると、後述のように経済の供給面や金融システムの安定性には深刻な影響を与えることがわかってきた。

このように言うと、必ず返ってくる反論は、金融政策は所与の経済構造、供給構造を前提とした需要管理政策として考えるべきであるという議論である。教科書で描かれているような、緩和と引き締めが交互に比較的短期間で到来するような世界では供給面を所与と考えるのは第1次近似として許される。しかし日本では、金融緩和は20年以上にわたって続いている。それにもかかわらず、金融緩和は需要面だけに影響を与え供給面にはいっさい影響を与えないというのは不自然な想定である。

長期にわたる金融緩和は以下のようなルートを通じて生産性上昇率を引き下げ、経済の供給面にも影響を与える。

第1に、金融緩和は将来需要の前借りであるが、収益性の高い案件から順番に投資が行われるとすると、緩和が長期化するほど、収益性の低い投資案件が積み上がっていくことになる。第2に、低金利の持続は何もしなければ存続だけは可能という状態をつくり出し、結果的にリスクテイクや経済の新陳代謝を抑制するメカニズムを内包している。収益性の低い企業にとっては低金利の持続は存続にとって必須の条件になるが、スタートアップ企業は低金利だからというより、アニマルスピリットで起業する面が大きい。第3に、長期にわたる低金利の持続は財政規律を緩め、現実には生産性の低い財政支出を増やすという側面があることは否定できない。

金融システムの安定性に与える影響も無視できない。金融緩和による需要の前借りとは基本的に債務の増加である。最も債務を拡大したのは政府部門である。しかし、租税の徴収という返済能力を超えて債務が増えると、将来的には金融システムの不安定要因を抱えることになる。民間金融機関も利ザヤが低下する中で、信用リスク、金利リスク、流動性リスクを取る形で、当面の収益を稼ぐことを優先せざるをえなくなるが、これも潜在的に金融システムの不安定要因となる。問題は、先般の英国の国債市場で起きた年金基金のヘッジ行動がそうであったように、金融システムの安定を脅かす金融の不均衡がどのような形態を取ってどの程度積み上がっているのかは事前にはよくわからないことだ。

こうした経済の供給面、金融システムの安定性に与える悪影響を踏まえると、長期にわたる金融緩和への過大な依存をいかにして防ぐかを真剣に考える必要がある。

「共同声明」をどう扱うか

「共同声明」は前述のように「政策協定」や「アコード」を求める政府との妥協の産物であったが、そもそも政府にしても日銀にしても、その時点での決意を述べることはできても、将来の政策を縛るようなことは原理的に言えないことが意外に理解されていないように思う。財政健全化の努力を例に取ると、国債発行についても税制についても、内閣だけで決定できるわけではなく、衆議院と参議院での承認が必要である。

内閣にしても現在の内閣が将来の内閣を縛ることはできないし、国会についても将来の国会を縛ることはできない。現在の国会議員は10年前に財務大臣と経済財政政策担当大臣が署名した「共同声明」に縛られているとは思っていないと想像するが、そのこと自体は国会の権能を考えると、当然である。

将来の政策を縛ることができないのは、日銀も同様である。もし金融政策の基本的方針が10年前の「共同声明」で決まっているとすれば、将来の総裁、副総裁、審議委員で構成される政策委員会は大事なことは何も決定できないことになる。

この問題は「共同声明」を新たに作成しても見直しても、変わりはない。実際、米国でもユーロ圏でも、政府と中央銀行の間で金融政策に関する「アコード」のような文書は存在しない。

歴史上有名な米国のアコードは、米財務省がFRB（米連邦準備制度理事会）に要請していた長期国債金利のペッグを今後は求めないという、中央銀行の独立性を高める文書であり、性格がまったく異なる。

私は「共同声明」を現時点で性急に改定する必要性はないと思っており、さらに言えば不安も覚える。第1に、オープンな議論、分析に基づいて結論を出すには、本年春まででは あまりにも時間が足りないからである。熟議が必要だ。最も大事なことは、日本経済の課題に関する国民的なレベルでの正確な認識であるが、春までに結論が出

ると は思えない。この10年で学んだことを生かさないと、貴重な「実験」の意味すらなくなってしまう。

第2に、金融政策運営の枠組みやそれを支える理論についても見直しが必要との議論が遅まきながらグローバルに起き始めているからである。実際、2000年以降に起きたことを客観的に振り返ると、世界的なバブルとグローバル金融危機であり、その後の低成長・低インフレであり、さらには現在の世界的な高インフレであった。虚心坦懐に観察すると、マクロ経済が安定していたとは到底いえない状況であり、金融政策の運営についても深い反省が必要だと思う。

私が最近出席した国際会議でも、中央銀行OBから金融政策の枠組みを見直す必要性を訴える意見が少なからず表明されていた。物価目標一つを取っても簡単に答えが出るものではないが、多くの知恵を結集しない限り、正解に近づくことも難しい。この点では、日本は他国に先行してさまざまな経験をしてきただけに、果たすべき役割は大きい。

1990年代末以降のデフレ論議と異なり、今回はぜひとも、日本の政策当局者、学者、エコノミストが世界の議論をリードしてほしいと思っている。私も一人の中央銀行ＯＢとしてグローバルな情報発信に努めたいと思っている。

現在の「共同声明」には「２％目標」にこだわらずに柔軟な金融政策運営を可能にするロジックが埋め込まれているし、政府の果たすべき役割も書き込まれている。当面はそうした「弾力条項」を最大限活用しつつ、「共同声明」という文書自体については内外の議論の進展を待つ、つまり「熟成」を待つほうが賢明だと私は思っている。

白川方明（しらかわ・まさあき）

１９４９年生まれ。７２年東京大学経済学部卒業、同年日本銀行入行。米シカゴ大学大学院で経済学修士号を取得。２００８年３月日銀副総裁、同年４月〜１３年３月第３０代日銀総裁。１８年９月から現職。著書に『中央銀行』（小社刊）など。

【週刊東洋経済】

本書は、東洋経済新報社『週刊東洋経済』2023年1月21日号より抜粋、加筆修正のうえ制作しています。この記事が完全収録された底本をはじめ、雑誌バックナンバーは小社ホームページからもお求めいただけます。

小社では、『週刊東洋経済eビジネス新書』シリーズをはじめ、このほかにも多数の電子書籍ラインナップをそろえております。ぜひストアにて「東洋経済」で検索してみてください。

『週刊東洋経済eビジネス新書』シリーズ

No.422　先を知るための読書案内
No.423　欧州動乱史
No.424　物流ドライバーが消える日
No.425　エネルギー戦争

No.440　宗教　カネと政治
No.441　岐路に立つ鉄道
No.442　学び直し全ガイド
No.443　米中　大動乱
No.444　高揚するコンサル　したたかな弁護士
No.445　半導体　復活の足音
No.446　氾濫するＰＲ
No.447　総孤独社会
No.448　認知症　全対策
No.449　武器としての名著
No.450　世界と日本の焦点　２０２３
No.451　マンション　熱狂と盲点

週刊東洋経済eビジネス新書　No.452
日銀　宴の終焉

【本誌（底本）】
編集局　西澤佑介、森田宗一郎
デザイン　池田　梢、小林由依
進行管理　下村　恵
発行日　2023年1月21日

【電子版】
編集制作　塚田由紀夫、長谷川　隆
デザイン　市川和代
表紙写真　尾形文繁
制作協力　丸井工文社

発行日　２０２４年４月１１日　Ver.1

発行所　〒１０３‐８３４５
東京都中央区日本橋本石町１‐２‐１
東洋経済新報社
電話　東洋経済カスタマーセンター
０３（６３８６）１０４０
https://toyokeizai.net/

発行人　田北浩章

電子書籍化に際しては、仕様上の都合などにより適宜編集を加えています。登場人物に関する情報、価格、為替レートなどは、特に記載のない限り底本編集当時のものです。一部の漢字を簡易慣用字体やかなで表記している場合があります。本書は縦書きでレイアウトしています。ご覧になる機種により表示に差が生

※本刊行物は、電子書籍版に基づいてプリントオンデマンド版として作成されたものです。